도전이 두려운 당신을 위해

오늘도
스타트라인에 섭니다

도전이 두려운 당신을 위해
오늘도 스타트라인에 섭니다

초판 1쇄 발행 2024년 3월 26일

지은이 강한
펴낸이 장현수
펴낸곳 메이킹북스
출판등록 제 2019-000010호

디자인 최미영
편집 최미영
교정 안지은
마케팅 김소형

주소 서울특별시 구로구 경인로 661, 핀포인트타워 912-914호
전화 02-2135-5086
팩스 02-2135-5087
이메일 making_books@naver.com
홈페이지 www.makingbooks.co.kr

ISBN 979-11-6791-510-8(03810)
값 17,800원

ⓒ 강한 2024 Printed in Korea

잘못된 책은 구입하신 곳에서 바꾸어 드립니다.
이 책의 전부 또는 일부 내용을 재사용하려면 사전에 저작권자와 펴낸곳의 동의를 받아야 합니다.

홈페이지 바로가기

메이킹북스는 저자님의 소중한 투고 원고를 기다립니다.
출간에 대한 관심이 있으신 분은 makingbooks@naver.com로 보내 주세요.

도전이 두려운 당신을 위해

오늘도 스타트라인에 섭니다

강한 지음

"나의 꿈은 숫자나 성공이 아닌,
 나 자신을 뛰어넘어
 좋은 사람으로 남는 것입니다."

봅슬레이 국가대표부터, 방송인·가수까지…
편견과 맞서 싸우며 매 순간 도전을 이어가는
강한의 가슴 뜨거운 삶, 그리고 꿈 이야기

추천의 글

  자신이 어떻게 태어나게 되었는지 책의 첫 문장에서 말을 한다. 강한이와 일을 할 때도 그 얘기를 서슴지 않고 얘기해 인상적이었고 솔직한 그가 넘 좋다. 끔찍했던 순간도 뱉어내면 아무것도 아니라는 걸 에밀 아자르『자기 앞의 생』의 모모처럼 그는 알고 있었을까? 난 한이를 몇 번 안아주었다. 잘 커주어서 한 번 그리고 그냥 한 번 안아주고 싶었다. 분노도 아파할 여유조차 없었다고 말하는 그, 잘 버텨낸 그에게 박수를 보낸다. 슬럼프도 이겨냈고 가리지 않고 해냈던 알바도, 열심히 살아온 그의 글을 보면서 나의 치열했던 20대도 돌아보게 된다. 어쩜 이렇게 씩씩하게 잘 견뎌냈니?? 좋은 사람이 되는 게 꿈이라는 강 한. 이미 좋은 사람이 되었고 무한한 긍정으로 이 전쟁터에서도 꼭 살아남길 바란다. 고생했어, 책 쓰느라…… 또 만나면 이번엔 대견함에 한 번 또 안아주마.

- 김영철(코미디언) -

성공한 이야기를 들려주는 글이 아닌. 오늘도 나와 같은 미래를 고민하며 살아가는 조금은 평범하지 않을 수 있는 누군가의 열정 있는 삶의 모습을 통해서 지금 내가 가진 소중한 현실에 대한 가치를 되새길 수 있는 기회를 얻을 수 있지 않을까 합니다.

- 김종국(가수) -

아나운서들은 직업 특성상 인터뷰를 많이 하게 되는 사람이다 보니, 그 사람이 가진 성향과 에너지 대해 빠르게 파악해야 하는 '촉'이 발달해 있는 편입니다. 그런 제가 강한 선수를 처음 봤을 때 들었던 느낌은, 선한 인간성과 긍정적인 에너지를 가진 사람이라는 것이었습니다. 심지어 그 에너지가 넘쳐 그를 직접 만나게 되는 사람이라면 그게 누구라도 미소가 지어질 만큼 멋진 청년이란 생각을 했습니다.

이 책에는 그가 보육원 출신이라는 힘든 환경에서도 언제나 도전을 멈추지 않으며 목표한 바를 하나씩 이뤄내며 지금의 사람으로 성장할 수 있었던 인내와 성장에 관한 비법이 담겨 있습니다. 그의 이야기는 힘든 현대 사회에서 치열하게 살아가며 더 좋은 사람이 되기 위해 노력하며 도전을 꿈꾸는 이들에게 힘과 용기를 전해줄 것이라고 생각합니다. 이미 충분히 좋은 사람인 그가 얼마나 더 좋은 사람으로 성장할지 기대하며 앞으로도 그가 써 내려갈 이야기를 기대해 봅니다.

- 김준상(MBC 아나운서) -

  정작 글을 쓴 강한 선수는 한 번도 울지 않는데, 읽는 나는 몇 번이고 눈시울이 뜨거워졌습니다. 부디 책을 통해 강한이라는 한 청년의 특별한 여정을 만나 보셨으면 좋겠습니다. 불안과 좌절 속에서 희망과 긍정을 길어올린 그의 올곧은 목소리에 귀기울여 보시기를 권합니다.
  그리고 여러분도, 끝내 여러분 그 자체로 빛나기를 희망합니다.

- 장성규(방송인) -

27년간의 인생, 그리고 기억

보육원에서 찍은 내 인생 최초의 사진.
부산의 어느 공원이었던 것으로 기억한다.

 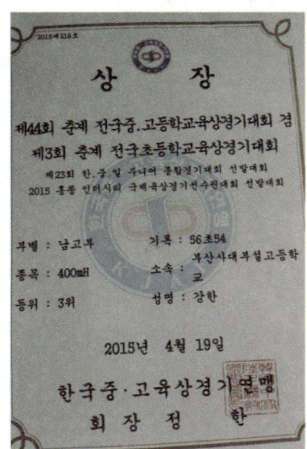

육상선수 시절 받은 메달과 상장

콤플렉스를 이기고 행복하게 지냈던 대학 시절

27년간의 인생, 그리고 기억

오늘도 스타트라인에 섭니다

국가대표로 봅슬레이 대회에 참가했을 당시.
나는 수십 kg에 달하는 썰매를 끄는 '브레이크 맨'이었다

〈천하제일장사〉 방송 촬영 당시, 현주엽 선수와의 승부에서 이긴 후 환호하는 모습

수원 삼성 vs 대구 FC 경기 시축

음반 녹음할 당시. 내 인생의 새로운 도전이었다.

27년간의 인생, 그리고 기억

들어가며

 음반을 내고 예능 프로그램에 나오면서, 축구교실에서 아이들을 가르치는 나는 전 국가대표 봅슬레이 선수였다. 은퇴를 하고 이렇듯 다양한 활동을 하는 나를 지금은 어떻게 소개할 수 있을까?
 어떤 사람은 방송에 많이 출연하는 나를 '방송인'이라고 하고, 어떤 사람은 '전 국가대표'라고 부른다. 하지만 나는 그저 '좋은 사람 강한'이라고 불리고 싶다. 내 꿈은, 정말 사회에 긍정적인 영향을 주고 나라는 사람을 '좋은 사람'으로 기억해주는 이들이 더 많아지길 바랄 뿐이다.

 세상에 욕심이 없는 사람은 없다. 나 역시 성공하고 싶고, 잘 살고 싶은 욕심이 있다. 하지만 그건 욕심일 뿐 나의 꿈은 아니다.
 주변의 지인들이 가끔 내게 묻는다.
 "너는 꿈이 뭐야?"
 "내 꿈은 좋은 사람이 되는 거야."

그럼 사람들의 반응은 '아, 그래...'이다. 내 꿈이 너무 소박해서일까. 하지만, 나는 이 꿈이 그 어떤 꿈보다 이루기 어려운 꿈이라고 생각한다.

꿈은 '명사'가 아닌 '동사'이다. 지금 무엇을 하고 싶은가, 가 중요하지 '어떤 것이 되고 싶은가'는 꿈이 아니다. 사람들은 흔히 꿈이라고 할 때, '변호사가 되고 싶다' '1억을 모으고 싶다'와 같이 직업이나 숫자를 말한다. 하지만 이걸 정말 꿈이라고 할 수 있을까? 나는 꿈은 끝내 이뤄질 수 없는 것이고, 계속 그 꿈을 향해 나아가는 상태여야 한다고 믿는다.

타인을 돕는 것이 곧 나를 돕는 것

'사람들에게 좋은 사람으로 기억되는 꿈'은 결코 작은 꿈이 아니다. 1억은 노력하면 모을 수 있다. 하지만 '좋은 사람'이 되려면 끊임없이 노력해야 한다. 내가 일하는 방식, 내뱉는 말투, 주변 사람을 대하는 태도 등에 모두 최선을 다해야만 이룰 수 있는 목표다.

내게는 이 꿈이 너무나도 높아서, 달성하려면 하루하루를 정말 치열하게 살아야 한다. 조금이라도 방심하면,

내가 도달했다고 믿는 지점에서 주르륵 미끄러져 내려오곤 한다.

  내가 좋은 사람이 되고 싶은 이유는 딱 한 가지, 바로 다른 사람을 도우면서 살기 위해서다. 다른 사람을 돕는 삶이야말로 비로소 내 자신을 돕는 것이라고 믿기 때문이다. 그리고 다른 사람에게 도움이 되는 사람이 되려면 먼저 나 스스로가 좋은 사람이 되어야 한다.

  이 책에는 내 성공담으로 자랑하려는 내용은 없다. 나 같은 사람도 꿈을 꾸고, 지금도 성장하기 위해 노력하고 있다는 것을 더 많은 이들에게 알려주고 싶다는 마음으로 책을 썼다. 직업이 아닌, 꿈이 없는 친구들이 많은 요즘, 이 책이 작은 등대처럼 그들에게 길잡이가 되어주었으면 하는 바람이다.

2024년 1월
강한 드림

목차

추천의 글	4
27년간의 인생, 그리고 기억	7
들어가며	14

제1장
세상에 사소한 인생은 없다

무엇이든 공평해야 하는 곳	22
분노할 수 없었던 소년	28
혼자라는 게 부끄럽지 않다	34
예기치 않게 찾아온 슬럼프	38
운동을 할 수 있음에 감사한다	43
노력해서 안 될 일은 없다	51

제2장
성장은 눈에 보이지 않는다

긍정심으로 사는 남자	56

부정을 긍정으로 바꾸는 법	59
최고의 삶을 만들기 위해	66
재능이 없는 사람도 꿈을 이룰 수 있을까?	69
당신의 꿈은 동사입니까?	73
좋은 사람은 대단한 사람이 아니어도 된다	77

제3장
꿈은 명사가 아닌 동사다

누군가에게 영감을 주는 사람	86
중요한 건 어떤 태도로 일을 하느냐이다	97
위기는 누구에게나 찾아오기에	100
부정적인 삶은 결국 후회만 남게 된다	105
돈 때문에 인생을 먹히지 마라	110
아주 작은 한 번의 시도가 성공을 만든다	121
한 번 지나간 순간은 돌아오지 않는다	126
인생을 바꾸는 시간	131
에필로그	136

"성공의 비밀은 모든 것을 잃을 준비를 하는 것이다."

- 로버트 H. 슐러

제1장

세상에 사소한 인생은 없다

무엇이든 공평해야 하는 곳

여기 태어나면서부터 고아였던 사람이 있다. 나는 나를 버린 부모님에 대한 기억이 없다. 딱 한 가지 생각나는 장면이 있다면 세 살 때, 내리막길을 뛰어가는 나를 뒤에서 불렀던 어머님에 관한 흐릿한 기억이다. 이 기억 또한 내가 보육원에 버려진 아이였다는 걸 자각한 초등학생 이후에 떠올린 것일 뿐, 태어난 곳이 보육원이다 보니 내게는 그곳이 고향이었고, 보육원 친구들이 가족이었다.

한 방에 열 명 남짓한 친구들과 지내면서도 나는 부모가 없다는 사실을 자각하지 못했다. 하루 종일 보육원에 있다 보니 원래부터 그런 환경에서 크는 게 자연스러웠다. 내 이름 강한은, 보육원에서 내게 지어준 이름이다.

지금 떠올려보면 보육원이란 공간은 '무엇이든 공평해야' 하는 곳이었다. 배식도 공평하게, 옷도 똑같이 공평하게, 그리고 관심도 공평하게… 담당 선생님이 계셨지만 그분에게 따로 애정을 갈구할 수는 없었다. 그러기에 선생님은 너무 바빴으니 말이다. 열세 살이 될 때까지, 내 인생에는 이렇다 할 추억이라는 게 없다. 보통 아이들은 부모님과 어릴 때의 추억이 있다고 하는데 나는 보육원에서 촘촘하게 짜인 스케줄표에 따라단체 생활을 했던 기억밖에 없다.

 보육원 밖을 나갈 일이라곤 일 년에 한두 번 정도, 운동 경기를 하러 갈 때나 놀이공원에 갈 때뿐이었다. 보육원 버스를 타고 보육원 밖을 나설 때는 어린 마음이지만, 무척 설렜던 느낌이 남아 있다. 그때 버스를 타고 가면서 봤던 차창 밖 풍경들이 지금도 생각난다. 놀이공원에 가면 엄마 아빠랑 함께 온 아이들을 보면서 문득 '왜 나는 엄마 아빠가 없지?' 하고 생각하곤 했었지만, 그건 잠시였다. 워낙에 활동적이었던 나는 어떻게 하면 1년 만의 나들이에서 재미있게 놀까, 그 생각에만 몰두했던 것 같다.

 보육원에서는, 아이들마다 운동을 하나씩 하도록 했다. 나 역시 딱히 운동을 잘해서라기보다는 보육원에서 시키는 대로 육상부에 들어갔을 뿐이다. 하루 종일 보육원 안에 있으면 사실 딱히 할 게 없다. 하루 종일 먼지 날리는 운동장을 뛰어다니는 것이 그 또래 내 친구들의 하루 일과였으니 말이다.

지우고 싶은 순간들

어쩌면 초등학교 때까지의 인생만 있고, 그다음 바로 성인 시절로 넘어왔다면 그토록 힘든 시간을 보내지 않았을지도 모른다. 내 인생에서 지우고 싶은 순간은 중학교 이후에 찾아왔다. 아무것도 모르던 초등학생 시절을 지나, 중학교에 진학해서 다른 보육원에 가게 되면서부터 내 인생에 지옥 같은 날들이 펼쳐졌다.

주먹질과 성폭력, 따돌림이 난무했던 그 시기를 어떻게 표현할 수 있을까. 지금에 와서도 차마 입에 담을 수 없는 힘한 상황을 많이 목격했다. 친구들 중 일부는 이때의 트라우마로 보육원을 나가 자살을 시도하거나, 잘못된 길로 빠지는 경우가 많다. 어쩔 수 없는 형들의 괴롭힘 속에서 나 역시 하루하루 멘탈을 잡는 것이 너무도 힘들었다.

그렇게 1~2학년을 보내고 중학교 3학년 때 일반 학교로 전학을 갔는데, 그때부터 내게는 남의 눈치를 보는 버릇이 생겼다. 누가 내게 뭐라고 하지 않았는데도 괜히 주눅이 들고, 다른 사람의 눈치를 끊임없이 살폈다. 중학교 3학년 때는 사춘기이고 그 나이 또래 아이들은 모두 예민한 시기이다 보니 보육원에서 전학을 온 나는 흔한 놀림감이 되었다. 누군가 나에게 중학교 시절이 어땠느냐고 물으면 한 마디로 지옥 그 이상, 이하도 아니었다고 말한다.

운동이 유일한 친구

 나는 외로웠다. 내게는 가족도, 친구도 없었다. 아침에 눈을 떠서 내가 할 수 있는 거라고는, 오직 운동뿐이었다. 고등학교 때 체육 특기생으로 진학하면서 일찍이 운동 엘리트가 된 나는 맹렬하게 운동에만 몰입했다. 그때는 내가 운동을 해서 유명해지면 가족도 되찾고, 내 인생을 되찾을 수 있을 거라고 생각했던 것 같다.

 운동부 생활을 하면서도 다른 친구들과 어울리지 않고

오직 혼자서만 운동을 하다 보니, 운동부 내에서도 따로 노는 느낌이 들었다. 그때 나는 속으로 '지금은 씨앗을 심는 시기이다' 하고 되뇌었다. 지금 뿌린 씨앗이 먼 훗날 내 인생에 결실로 돌아오리라는 생각으로 이를 악물고 운동하던 시기였다.

다행히 내 키는 무럭무럭 자랐다. 고등학교 때 키가 이미 170이 넘었던 나는 멀리서 봐도 한눈에 띄었다. 그때부터 메달을 목표로 허들을 시작했다. 중학교 때 내내 육상을 했던 터라 오직 육상밖에 몰랐던 나에게 허들을 권한 건 코치님이었다. 허들이 장신이 유리했기 때문이었다. 운동을 하려면 적잖은 돈이 든다. 보육원에서 지원해주는 돈 외에는 돈이 없었던 나는 전지훈련도 가지 못하고 혼자서 외롭게 운동할 때가 많았다.

아마도 그때부터였던 것 같다. 주어진 현실에 좌절하지 않고 긍정의 마음으로 현실을 바꾸어 생각하는 연습을 했던 것이. 포기하고 좌절하고 있기에는 내게 주어진 하루가 너무 빠듯했다. 나는 운동으로 진로를 택했고, 매일 돈 없이 훈련을 하고 있는 상황에서 낙심하거나 하소

연을 할 정도로 한가한 입장이 아니었던 것이다.

　내가 대단해서라기보다는, 누구나 내 상황이 되면 그렇게 대처했을 것이다. 나는 현실을 부정하기보다는 현실을 받아들이는 편을 택했고, 그것이 내가 그 상황을 돌파하는 최선의 방법이었다. 나 역시 예민한 사춘기를 겪고 있었지만, 내가 다른 아이들처럼 평범하게 부모의 지원을 받을 수 없는 사람이라는 것을 재빨리 받아들이지 않으면 안 되었다.

분노할 수 없었던 소년

 나는 누구를 원망하거나 분노할 시간이 없었다. 내가 현실을 부정한다 해도 누구도 나 대신 무언가를 해줄 수 없는 상황이었다. 눈앞에 닥친 것들을 헤쳐 나가려면 상황을 '강제로' 긍정하는 수밖에는 달리 방법이 없었다.

 눈앞에 벽이 하나 있다고 생각해보자. 그 벽을 깨부수고 앞을 향해 나아갔더니 또 다른 벽이 눈앞에 있다. 내 지난 삶은 이렇듯 눈앞에 나타난 벽을 끊임없이 깨부수고 앞으로 나아가는 상황의 연속이었다. 그리고 이 상황은, 지금도 마찬가지다.
 주변에 이때의 경험을 말하면서 당시를 '흰 도화지에 점 하나 찍혀 있는 기분'이라고 표현하기도 했다.
 세상에 내 편이 아무도 없다는 것, 내가 여기서 조금이라도 물러서면 세상의 벼랑 끝 낭떠러지로 떨어져 절벽 아래로 추락한다는 걸 하루하루 느끼면서 살았다.

아플 여유도 없었던 나

 운동을 하는 사람들은 자주 아프다. 특히 나처럼 어린 나이에 운동을 시작한 케이스는 성장 과정에서 반드시 탈이 날 수밖에 없다. 하지만 나는 아플 여유가 없었다. 아니, 아팠지만 아파할 여유가 없었다고 해야 할 것 같다. 2016년 시설을 퇴소하고 나서, 무릎에 양성 종양이 생긴 걸 알았고 수술을 했다. 발목부터 하반신 전체에 10여 차례 수술을 받고 나니 지옥이 찾아왔다.

 보육원이라는 시설은 성인이 되면 약간의 정착 지원금을 받고 강제 퇴소를 해야 한다. 하필 내가 동시다발적으로 수술을 했던 시기가 보육원을 퇴소하고 난 직후였다. 몸은 아파 죽겠는데 살 집도 없는 상태에서 나는 참 많은 방황을 했다. PC방에서 노숙을 해보기도 했고, 처음 보는 사람 집에 며칠을 얹혀살기도 했다.

 세상을 향해 욕을 하고 분노를 내뿜고 싶었는데, 그걸 누구에게 쏟아내야 할지 알 수 없었다. 표현할 상대가 없는 분노는 분노가 아니다. 그렇게 나는 내면의 분노를 다시 꾹 눌러서 도로 마음 깊이 넣었다.

나는 일찍부터 선택을 잘 해야 했다. 한 번 잘못 선택하면 그 결과가 온몸의 고생으로 되돌아왔다. 고등학교를 졸업하고 대학에 가야 할지 실업팀으로 가야 할지, 수술을 하고 쉬어야 하는지 아니면 돈을 조금이라도 더 벌어야 하는지 도무지 판단이 서지 않았다.

그때 두서없이 내가 찾아간 곳이 바로 유튜브의 동기부여 영상이었다. 스승이나 멘토가 없었던 나는 내 멘탈을 다잡아줄 이들을 유튜브에서 찾기 시작했던 것이다. 그때 어느 유튜브에서 그런 말을 듣게 되었다.

'인생의 모든 선택과 결정권은 나에게 있고
그 책임 또한 나에게 있다.'

어찌 보면 너무나 당연한 말일 수 있지만, 그 시절의 나에게는 이 문구 하나가 가슴 깊이 박혔다. 인생의 선택도 내가, 책임도 내가 지는 것이라는 그 말은 명확하고 단순했다. 어떻게 살아야 하는지에 대한 가이드라인이 되어 준 것이다.

500만 원도 안 되는 정착 지원금을 받고, 길거리로 나앉은 나는 어떻게든 살기 위해 발버둥쳤다. 하지만 집은 어떻게 얻어야 하는지, 이 돈을 어떻게 운용해야 하는지 하나도 알지 못했다. 이런 나를 이용해 사기를 치는 사람도 있었다. 첫 집을 얻었을 때 집주인은 보증금으로 받은 돈을 되돌려주지 않았다. 당시 나는 세상 물정을 전혀 몰랐기에 '보증금'이라는 게 있는 줄도 몰랐다.

  그렇게 정착지원금마저 뜯기고 나서 얼마든지 세상을 원망하고 부정할 수 있었지만, 그럴수록 나는 이를 꽉 깨물었다. 나와 함께 보육원을 퇴소한 선배와 친구들이 잘못된 길로 빠지는 것도 이해가 되었다. 세상은 보육원을 나왔다고 해서 우리를 봐주는 법이 없었다.
  하지만 나는 어떻게든 올바른 길을 걸어야 한다고 스스로 다짐했다. 그리고 이때에 내가 처음으로 내 꿈이라고 할 만한 문장을 가슴속에서 꺼내게 된다.

> '나는 정말 좋은 사람이 될 것이다.'

  다른 사람이 내게서 보육원의 그늘을 보지 않도록, 고

아라는 편견을 지우도록, 내가 그 모든 걸 압도할 만큼 좋은 사람이 되자는 것이 내 꿈이었다. 이것은 지금도 변함없는 꿈이기도 하다. 이렇게 한 번 꿈이 생기고 나자 그 어떤 것도 포기할 수 없다는 생각이 들었다.

돈이 없어서 PC방을 전전할 때도, 재활센터에서 갈 곳이 없어서 하루이틀을 더 재워달라고 빌 때도 내 안에는 '언젠가는 내가 반드시 잘 살아낼 것'이라는 확신이 있었다.

"당신이 할 수 있다고 믿든,
할 수 없다고 믿든,
믿는 대로 될 것이다."
- 헨리 포드

혼자라는 게 부끄럽지 않다

 나는 국가나 사회의 복지제도에 기대지 않았다. 처음에는 그런 게 있는 줄도 몰랐지만, 있는 걸 알고 난 이후에도 그런 제도의 혜택을 받으려고 하지 않았다. 나는 온전히 스스로 내 앞길을 개척하고 싶었다.

 자고 일어나면 '이 문제를 내가 해결해야 하고 나는 해결할 수 있다'는 생각으로 가득 차 있었던 것 같다. 그리고 나는 실제로 내게 당면한 문제들을 모두 스스로 해결했다.

학생회장으로 뽑히다

 실업팀이 아닌 대학에 입학하기로 한 것도 내 선택이었다. 대학에 입학하고 처음 자기소개를 했던 날이 지금도 기억난다. 교수님은 학생들에게 빈 종이에 자유롭게 자기소개를 쓰라고 했고, 나는 교수님의 말을 그대로 듣고 내 상황을 솔직하게 적어내려갔다.

 그런데 교수님이 내 글을 모두 읽더니, 앞으로 나와서 학생들 앞에서 소리 내서 발표하라는 게 아닌가. 그때는 내 상황을 어떻게든 숨겨야 한다고만 생각했었기에 남들에게 발표를 한다는 것이 마냥 당혹스러웠다. 그래도 교수님의 권유를 따라서 친구들에게 내가 쓴 자기소개를 발표했다.

> "저는 부산에 있는 보육원에서 자랐습니다. 처음에는 부모님이 없다는 사실, 세상에 나 혼자밖에 없다는 사실이 화가 나기도 했지만 지금은 내 인생을 스스로 개척해나간다는 생각에 하루하루를 열심히 살아가고 있습니다. 이제 막 캠퍼스 생활을 시작하는 저에게는 하루하루가 여유가 없습니다. 학교가 끝나면 아르바이트를 3개나 해야 하고, 또 운동 쪽으로 진로를 정했기 때문에 열심히 동아리 활동도 해야 하니까요. 그래도 여러분들과 함께 즐겁게 학교생활을 하고 싶습니다."

어떤 학생은 내 얘기를 듣고 펑펑 울기도 했고, 어떤 학생은 박수를 쳐주기도 했다. 발표가 끝나자 학생들은 모두 뜨겁게 환호를 해주면서 나를 격려해주었다. 그게 운으로 연결되었던 것일까, 그때의 발표가 계기가 되어 학생회장까지 할 수 있었다.

제1장 세상에 사소한 인생은 없다

초중고 시절과는 달리, 내가 고아라도, 보육원 출신이라도 무시받지 않고 오히려 사람들에게 지지를 받을 수 있다는 걸 그때 처음 알게 되었고, 자신감이라는 것을 처음으로 느낀 계기가 되었던 것 같다.

'왜 보육원 출신은 꼭 안 좋은 편견을 받아야 해? 보육원 출신으로 성공한 사람들이 없을까? 그렇다면 내가 그 선례를 만들어보자.'

닥치는 대로 아르바이트를 했던 시절

학생회장이 되고 나서, 아마 그런 결심을 했던 것 같다. 보육원 출신이라는 꼬리표, 그리고 뒤따라오는 사람들의 안 좋은 편견을 깨기 위해 노력했다. 그래서였을까. 나에게 주어진 하루가 마지막이라는 생각으로 누구보다 치열하게, 열심히 살았다.

택배 상하차, 식당 서빙, 공사장 인부 등 안 해본 일이 없었다. 아르바이트를 좀 해봤다고 하는 친구들도 내가 해본 아르바이트 목록에 비길 바가 아니었다. 나는 대학 등록금을 버는 것으로는 모자랐고 생활비와 학비를 누구의 도움 없이 해결해야 했기 때문이다.

아르바이트와 학생회장 생활을 하느라 정신없는 하루하루를 보내면서도 마음 한구석에서는 운동에 관한 끈을 놓지 말아야겠다는 생각이 들었다. 대학 시절에 내가 했던 운동이 '카바디'다. 카바디는 인도의 스포츠로, 공격수가 수비진 영역에 들어가 수비수를 최대한 많이 터치하고 복귀하여 득점하고 수비수는 이를 저지하거나 시간 내 복귀를 막는 운동이다. 당시에는 카바디가 비인기 종목이었는데, 국가대표 타이틀을 달 수 있다는 생각에 교수님의 권유로 시작하게 된 것이었다.

국가대표라고 하지만 나라에서 지원받는 것은 전무했다. 카바디를 한다고 하면 주변의 반응은 '그게 뭐야?'라는 반응 일색이었다. 2017년 11월까지 약 2년 동안 매달렸지만 어느 날 내게 '현타'가 찾아왔다. 아시안선수권대회 동메달까지 땄지만, 내가 운동을 하는 이유가 대체 무엇인지 스스로를 납득시킬 수 없었다. 돈도 명예도, 보람도 없는 운동을 계속해야 할 이유가 없었던 것이다.

예기치 않게 찾아온 슬럼프

초등학교 시절에는 그저 앞만 보고 달리는 게 좋아서 운동을 계속했다. 적어도 트랙 위를 달리고 있는 동안만큼은 아무런 잡생각 없이 오직 뛰는 행위에 집중할 수 있었다. 제대로 운동을 한다는 생각이 들었던 건 고등학생이 되고 나서부터였다.

지금도 기억나는 게 아침 5시에 일어나서 학교 뒷산을 올라서 훈련을 했는데, 훈련 강도가 가혹할 정도로 셌다. 아침 먹은 걸 토하거나, 중간에 운동을 포기하는 친구들도 있었다. 지금 생각해 보면 당시 감독님이 아이들을 스파르타식으로 가르쳤던 것 같다.

그런데 그때도 나는 힘들다는 생각보다는 '운동을 할 수 있어서 감사하다'는 생각뿐이었다. 밥을 먹고 학교수업을 듣고, 수업이 끝나면 운동을 하는 지극히 단조로운 생활 패턴이었는데도 그렇게라도 운동을 할 수 있음에 감사해야 했다. 중학교 때는 부상 때문에 다친 게 아니라, 선배들의 폭력 때문에 몸이 으스러질 정도로 아팠는데도 나는 굴하지 않았다.

그렇게 운동할 수 있다는 점 자체가 내게는 축복이라고 생각했기 때문이다. 지금 생각해보면 선배들에게 폭행당한 이유도 터무니없었다. 선배들은 내가 기록을 경신하면 때렸고, 선배보다 앞질러 결승점에 도착한 날도 때렸다. 맞지 않아야 할 이유보다 맞아야 할 이유가 더 많았던 날들이었다.

슬럼프인 줄 모르고 슬럼프를 겪다

그런데 그렇게 꿋꿋하게 견뎌왔던 내가 멘탈이 무너졌던 적이 있다. 대학교 때 비인기 종목인 카바디를 하면서 무려 여섯 번의 수술을 했다. 발목과 허리, 무릎 등을 돌아가며 수술했는데, 성한 곳이 한 군데도 없었다. 몸이 남아나지 않는 느낌이었다. 그때는 내 몸이 마치 나에게 '제발 나를 가만히 내버려두라'고 소리 지르는 듯했다.

내 몸이 내 말을 듣지 않게 된 상황이었다. 그런 걸 슬럼프라고 해야 할까? 극심한 절망감과 무기력감이 슬럼프라면 슬럼프가 맞을 것이다. 하지만 그 정도의 무기력감은 나에게는 이미 어릴 때부터 몸에 배어 있던 것이었다. 다만, 만약 앞으로 인생을 살면서 또 힘든 상황이 온다면 그때보다 더 힘들 수 있을까, 하는 생각은 든다.

그때부터 나 자신과의 싸움이 시작되었다. 내게 운동을 더 이상 할 수 없을지도 모른다는 두려움보다 큰 두려움은 없었다. 아니, 차라리 그것은 공포에 가까웠다고 해야 할 것이다. 그랬기에 재활치료에 목숨을 걸었고 남보다 훨씬 더 열심히 복귀 준비를 했다.

정말 힘들면, 힘들다는 말조차 나오지 않는다고 한다. 당시 나는 매일매일 눈을 뜨는 게 괴로울 정도였다. 할 수 있다면 지구 끝까지 도망가서 세상 밖으로 나오고 싶지 않았다. 그때 스스로에게 수도 없이 되물었던 질문은 이거였다.

'왜 나는 이렇게 살아야만 할까.'

친구들은, 주변 사람들은 힘들다고 하면 주변에서 '그

만 좀 쉬어라'라고 말해줄 가족과 친구가 있었다. 하지만 나는 힘들다고 나 스스로 말할 뿐, 어느 한 사람도 나에게 힘을 내라고 말해주는 이가 없었다. 2018년 1월, 내 인생의 벼랑 끝에서 죽고 싶은 마음이 들었을 때, 내가 찾아간 곳이 바로 심리상담소였다.

운동이 나를 구하다

"이대로 가다간 위험한 상태예요."

선생님은 내 얘기를 조용히 듣더니 내게 위험한 상태라고 했다. 내가 너무나 오랜 시간 나를 방치해왔으며, 스스로를 돌보지 않으면 위험할 수 있다고 경고했던 것이다. 당시 약물 치료를 받고, 우울한 상태로 몇날 며칠을 보내면서 스스로에게 되물었다.

'이 상태가 네가 원하는 삶이었니. 정말 그게 맞니?'

답은 '아니다'였다. 나는 그대로 포기할 수 없었다. 그대로 포기하기엔 내 인생이 너무 아까웠다. 운동 때문에 내 몸이 아픈 거라면, 운동이 나를 치료해줄 거라고 생각했다.

어찌 보면 무모한 생각이었을 수 있다. 하지만 당시에는 그 외에는 다른 생각을 할 수 없었다. 하루빨리 운동을 하던 때의 나로 돌아가는 것만이 내게 주어진 유일한 선택지였다.

운동을 할 수 있음에 감사한다

 2018년 2월, 나는 강원도 평창으로 가는 KTX를 타고 있었다. 봅슬레이 감독님을 만나러 가는 길이었다. 카바디를 그만둔 이후, 새롭게 도전할 종목을 찾던 중 봅슬레이를 해야겠다고 생각한 건 정말 우연한 기회를 통해서였다.
 어느 날, SNS을 보던 중 내 눈에 포스팅 하나가 눈에 들어왔다.
 '봅슬레이 훈련생 모집, 육상선수 출신 환영'
 단지 육상선수 출신을 우대한다는 그 한마디에 내 마음이 움직였다. 봅슬레이야말로 내가 도전해야 할 종목이라는 확신이 들었다. 광고를 보자마자 전화를 걸었다. 봅슬레이 감독님에게 나는 꼭 봅슬레이로 성공해야 하니, 우선 훈련생으로 받아달라고 매달렸다. 감독님은 천천히 내 상황을 들어보시더니, 나에게 "일주일 동안 테스트를 해보자"고 했다. 감독님의 집에서 숙식을 해결하며 7일 동안 내 기량을 감독님께 모두 보여드렸다.

세상에서 가장 좋은 직업, 운동선수

당시는 평창동계올림픽이 끝난 지 얼마 안 되어 선수들이 해단식을 마친 이후의 시점이었다. 모든 선수들이 집으로 돌아간 합숙 팀에 남은 사람은 나 혼자였다. 숙식은 제공하지만 별도의 훈련비는 주어지지 않았다. 오직 내 노력과 끈기만으로 앞을 헤쳐나가야 하는 상황이었다.

기숙사 생활을 하면서 봅슬레이를 조금씩 배우는 그 과정이 나는 괴롭기는커녕 너무나도 행복했다. 슬럼프를 겪은 이후 처음으로 해보는 운동이었다. 주변에서 가끔 운동하면서 힘든 점이 뭐냐고 물으면 나는 '힘들 일이 없다'고 말한다. 그럴 수밖에 없는 게 운동선수는 자기가 좋아서 운동을 하는 것이고, 운동을 하면서도 돈을 벌고 있으니 이보다 더 좋은 직업은 없는 것이다. 나는 세상에 존재하는 모든 직업 중에서도 운동선수가 가장 좋은 직업이라고 생각한다.

게다가 선수 생활을 하면서 배우는 점이 또 있다. 바로 인생이다. 운동을 하면서 인생을 배운다고 하면, 나보다 나이가 많은 선배들은 나를 비웃기도 한다. 아직 나이가 어린 내가 '인생' 운운하는 것이 가소롭게 들릴지도 모른다.

하지만 나는 어릴 때부터 살아남기 위해 운동을 해왔고, 어떤 면에서 운동이 인생과 닮은 점이 참 많다는 생각이 든다. 만약 운동을 하지 않고 공부를 했다면, 이 정도로 많은 것을 배우고 깨달을 수 있었을까? 나는 그렇지 않을 거라고 생각한다.

인생은 공짜가 없다는 것, 그리고 내가 노력한 만큼 한 단계씩 성숙하고 발전할 수 있다는 걸 나는 운동하면서 깨우치게 된다. 특히 봅슬레이를 배우면서 봅슬레이를 전혀 모르던 내가 하나씩 알아가고 배우면서 정상에 오르는 과정이, 마치 인생에서의 배움과도 같아서 감사한 마음으로 운동을 하게 되는 셈이다.

최선을 다한다고 해서 늘 기록이나 실력이 향상되는 것은 아니다. 때로 중간에 운동을 쉬게 될 때도 있고, 실력이 꺾일 때도 있다. 만약 거기서 포기하면 운동선수로서 그 사람의 경력은 거기서 멈추게 된다. 하지만 포기하지 않고 계속하면 결국 그 위기를 넘길 수 있게 되는 것이다. 그리고 한 가지 도전이 끝나면 새로운 도전이 눈앞에 생기고, 이 도전을 할지 말지를 결정해야 하는 순간이 온다.

인생도 마찬가지다. 끝없는 오르내림 속에서 한 고비를 지나면 다음번 고비가 찾아오고, 무수한 선택의 순간을 맞이한다. 선택은 언제나 나의 몫이며, 결과도 내가 책임져야 한다.

운동을 하는 사람만큼 삶에서 큰 성취감을 얻는 사람은 별로 없다. 나 역시도 기록을 경신하며, 모르던 봅슬레이를 배우며 큰 희열과 성취감을 맛봤다. 누군가 이와 같은 성취감을 맛본 적이 인생에 또 있었느냐고 묻는다면 나는 자신 있게 없었다, 라고 대답할 수 있다.

두려움을 극복하는 법

봅슬레이를 처음 시작할 때 했던 훈련이 180kg에 육박하는 썰매를 끄는 훈련이었다. 그렇게 순간 가속을 만들어서 시속 150km로 트랙을 미끄러져 내려가야 하는 운동은 처음에는 내게 두려움의 대상이었다.

내가 정말 무거운 썰매를 끌고 기록을 경신할 수 있을지, 이 운동을 하면서 사고가 나지 않을지 걱정투성이였다. 봅슬레이는 썰매를 끄는 것이 승부의 8할을 차지하는 운동이다 보니 스타트 훈련을 끊임없이 해야만 한다. 매일 반복되는 탑승 훈련, 근력과 스피드가 없으면 기록이 단 0.01초도 개선되지 않는다. 길고 가혹한 싸움이다. 누구나 이 과정에서 스스로에게 실망과 환멸을 느끼게 된다.

나는 스스로에게 실망하지 않기 위해 남들보다 2배의 훈련을 더 했다. 웨이트 트레이닝과 육상으로 스스로를 단련시켰다. 브레이크맨[1]이었던 나는 0.01초에 승부가 갈리는 인생으로 살았다. 내가 미친 듯이 썰매를 끌어서 썰매에 성공적으로 탑승하면, 그 다음 경기의 운명은 파일럿에게 모든 걸 맡겨야 한다. 브레이크맨이 하는 일은 마지막 피니시 라인에서 썰매의 브레이크를 잡는 일이다. 보통은 육상 선수 출신들이 이렇듯 브레이크맨을 하는 경우가 많다.

---
[1] 봅슬레이에서 썰매를 끌고 초기 속도를 만들어내는 역할

처음에는 200kg씩 웨이트를 하는 동료들과 달리 나는 150kg을 간신히 넘기곤 했다. 웨이트 중량이 늘지 않으면 속도를 낼 수 없기 때문에 경쟁에서 뒤처질 게 뻔했다. 하지만 나는 초조해하지 않았다. 결국 내가 더 잘할 수밖에 없다는 걸 알았기 때문이다.

왜 그렇게 생각했을까. 나는 남보다 2배 이상 노력할 자신이 있다. 그리고 그렇게 노력하는 사람을 이길 수 있는 건 아무것도 없다고 생각한다. 봅슬레이를 하며 웨이트를 처음 시작할 때 동료들은 나를 경쟁자로 여기지 않았을 것이다. 아마도 육상선수 출신인 나를 은근히 무시했을 수도 있다. 나는 개의치 않았다. 그리고 동료들이 모두 연습을 끝마치고 집으로 돌아간 사이, 개인 훈련을 다시 시작했다.

지금도 어떤 분야에 도전할 때는 그때의 마음가짐으로 임한다. 남들보다 2배 더 많이 노력하고, 더 많은 시간 투자하기, 라는 원칙 말이다. 그렇게 하면 다른 사람들을 언제나 따라잡을 수 있다. 재능과 역량이 부족하다고 포기하기 전에, 내가 그 일에 임할 때 다른 사람보다 얼마나 노력을 했는지 스스로에게 물어야 한다.

　물론 인생에는 노력과 시간을 곱절 이상 투자했는데도 결과가 나오지 않는 분야도 있다. 하지만 운동만큼은 반드시 노력한 만큼의 결과가 나오게 마련이다.

"성공의 첫 번째 비밀은
절대로 포기하지 않는 것이다."
- 나폴레옹 힐

노력해서 안 될 일은 없다

이 말은 물론 흔하게 하는 말이다. 하지만 진심으로 이 말대로 노력을 해본 적이 있는가. 적어도 있다면 '불가능'이란 말을 입밖에 낼 수가 없다. 노력한 만큼의 결과를 얻었다면, 그리고 그것을 두 눈으로 보았다면 반드시 노력의 가치를 인정하게 된다.

체중을 17kg 찌우다

봅슬레이를 하려면 최소한 95kg 이상의 체중이 되어야 한다. 그래야 썰매를 끌었을 때 힘이 실리면서 가속이 붙기 때문이다. 하지만 내 경우 78kg에 비교적 마른 몸매였다. 다른 친구들은 각종 고기와 보양식을 먹으면서 체중을 불렸는데, 나는 돈이 없어서 마음껏 먹지를 못하는 게 가장 스트레스였다.

다른 건 노력하면 개선시킬 수 있지만, 먹지 못해서 살이 안 찌는 것은 도무지 내 힘으로 어떻게 해볼 도리가 없었다. 그나마 내가 할 수 있는 건 돈이 덜 드는 군것질이었다. 보양식이나 고기를 마음껏 먹을 수 없다면, 군것질을 해서라도 몸을 불려야겠다고 생각했다.

대회가 불과 한 달 앞으로 다가왔을 때, 나는 필사의 각오로 훈련이 끝난 뒤 매일 밤 편의점에 가서 라면과 아이스크림, 과자를 먹었다. 그냥 먹은 게 아니라 거의 폭식했다. 만약 한 달 뒤까지 몸을 만들지 못하면 대회 출전 자체가 불투명해지는 상황이었기에 선택의 여지가 없었다.

국가대표가 되려면 체중 조건 외에도 일정한 기록을 달성해야만 한다. 보통 상위 11명 안에 들면 국가대표가 되는데 2018년 당당하게 국가대표에 선발되었다. 당시까지만 해도 누구도 내가 국가대표에 뽑힐 거라고 생각한 사람은 없었다.

나는 무조건 된다는 생각

돌이켜보면 그때 나는 무척 절실했던 것 같다. 국가대표가 나 외에 다른 사람이 되게끔 한다는 건 상상조차 하지 못했다. 봅슬레이 선수들 간에는 기량 차이가 거의 나지 않는다. 승부는 100분의 1초 차이로 갈리게 마련이다.

모든 승부는 100분의 1초를 줄이기 위한 노력이라고 보면 된다. 그런데 노력을 하다 보면 기록이 더 이상 줄지 않는 마의 구간을 만나게 된다. 기록을 경신하지 못하는 임계점에 다다르면 선수는 멘탈이 나가고 체력이 급격히 떨어지게 된다.

특히 브레이크맨은 스타트를 5초 안에 끊는 기록을 만들지 못하면 사실상 대회 출전이 어렵다고 보면 된다. 나는 5~6초의 벽을 넘지 못하고 있었는데 이를 단 2주 만에 앞당겨서 국가대표에 선발되었다.

"기적 같다."

당시 주변에서 내 기록 경신과 국가대표 선발을 두고 했던 얘기다. 운이 좋았다는 말도 있었지만 나는 운도 내가 만드는 것이라고 생각한다. 그리고 아무리 역량이 부족해도, 꼭 되어야 한다는 절실함을 가진 사람을 막을 수 있는 건 아무것도 없다. 그때 내 안의 절실함이 있었기에 수많은 경쟁자를 물리치고 국가대표에 선발될 수 있었던 것이다.

"용기는 당신이 무엇을 두려워하느냐가 아니라,
당신이 그것에 대해 어떻게 대처하느냐에
달려있다."
- 나소스

제2장

성장은 눈에 보이지 않는다

긍정심으로 사는 남자

　국가대표에서 은퇴하고 나는 참 다양한 사람으로 살아가는 중이다. 〈너의 목소리가 보여〉라는 방송 프로그램에 출연한 것이 계기가 되어 잃어버린 엄마를 만날 수 있었고, 거기서 만난 방송 인연으로 수많은 예능 프로그램에도 출연할 수 있게 되었다.

　사람들은 이제 운동을 그만둔 내가 무엇을 할지, 또 어떤 길을 개척해나갈지 궁금해한다. 그럴 때 나는 주변에 "좋은 영향력을 미치는 사람이 되고 싶다"는 말을 참 많이 한다. 내가 꿈꾸는 좋은 인생이란, 사회와 주변 사람들에게 선한 영향력을 끼치는 것에 다름 아니기 때문이다.

　어쩌면 이는 돈을 많이 벌고, 명성을 얻는 삶보다 더욱 중요한 게 아닐까. 좋은 직장에 가서 사회적으로 성공하는 것도 중요하겠지만, 나로 인해 다른 사람들의 삶이 긍정적인 영향을 얻는다면 이 또한 바람직한 일이라고 생각한다. 그런데 이런 삶을 사는 데 있어서 꼭 필요한 요소가 있다. 어쩌면 이것은 한 사람의 인생 자체로 성공하는 데 있어서도 필수적인 요소가 아닐까 싶다.

그 요소란 다름 아닌 '긍정심'이다.

사람들은 긍정의 힘을 간과한다. 그저 "최대한 긍정적으로 생각하면 좋지"라는 식으로 가볍게 생각한다. 하지만 긍정의 힘은 그보다 위대하다. 어떤 사람이 자기가 하는 일에 있어서 '나는 무조건 된다'는 긍정심을 품게 되면 무슨 일이 벌어질까? 결국 원하는 일이 이뤄지게 된다.

2019년 국가대표 선발전 이후 봅슬레이 월드컵에 출전할 일이 있었다. 당시 국가대표이긴 했지만 주전이 아닌 후보군으로 월드컵에 참여했다. 후보군은 월드컵 내내 한 번도 경기에 출전하지 못할 수도 있다. 다른 사람의 경기를 관전하면서 간접 경험을 쌓는 것도 중요하지만, 나는 국가대표에 선발된 이후부터 무조건 경기에 출전하는 것을 목표로 삼고 있었다.

주변에서는 국가대표에 이제 막 선발된 데다가 후보선

수인 내가 경기에서 뛴다고 하는 생각 자체를 비웃었다. 누가 봐도 현실적으로 이뤄질 가능성이 별로 없었기 때문이다. 하지만 나는 포기하지 않고 무조건 긍정했다.

'나는 월드컵 경기에서 최대한 많은 대회에 나간다. 그리고 내 실력을 마음껏 뽐낼 것이다.'

그리고 무슨 일이 벌어졌을까? 월드컵 3차 경기부터 8차 경기까지 모든 경기를 빠짐없이 경기에 나갔다. 그야말로 기적 같은 일이 벌어진 셈이다. 그때 내가 느낀 점은 '긍정적으로 믿고 행동하는 사람에게는 반드시 기적이 생긴다'는 것이었다. 한 발 더 나아가 긍정적으로 생각하는 사람에게는 항상 좋은 일이 반드시 생길 수밖에 없다는 믿음까지 갖게 되었다.

이 일을 계기로 나는 2019년과 2020년 연속으로 봅슬레이 월드컵에 참여할 수 있었다. 브레이크맨으로 월드컵 무대에 참여했던 영광스러운 순간을 나는 지금도 잊지 못한다.

부정을 긍정으로 바꾸는 법

 사람은 원래 부정적으로 기울게 마련이다. 처음엔 긍정적이었던 사람도 사회 경험이 쌓이고 사회에서 부대끼다 보면 자연스럽게 부정적인 성향이 쌓이게 된다. 그런데 나는 부정적인 사람 옆에 머무르고 싶은 사람은 아무도 없다고 생각한다.

부정의 본능을 극복하자

 가만히 생각해보면 우리 곁에 오래 남아 있는 사람은 우리를 기분 좋게 하는 사람들이다. 우리를 불편하게 하고, 우리에게 불평을 하는 사람을 우리는 본능적으로 멀리하게 된다. 이 말이 무슨 뜻일까? 매사를 부정적으로 바라보며 불평불만을 늘어놓다 보면 내 주변에 사람이 없어진다는 뜻이다. 그리고 주변에 남아 있는 사람이 없으면 긍정적인 영향력을 주고받을 수도 없다.

10년 전, 운동을 하던 친구들과 어울리면 그들 부모님이 하는 말이 있었다.

 "쟤는 보육원 출신이니 같이 어울리지 마라. 너도 물들면 어쩌니?"

 당시 나에게는 그 말이 상처였다기보다는 어떻게 하면 그 말을 듣지 않을 수 있을까, 혼자서 고민을 많이 했던 것 같다. 나는 그 말을 하는 친구의 부모를 원망하지 않았다. 오히려 나는 바뀌야 하는 대상이 나 자신이라고 생각했다.

> 다른 사람의 편견을 바꿀 수 있는 사람은
> 오직 나 스스로이기 때문이다.

 그래서 다음에 또 같은 말을 들었을 때는 오히려 웃으면서 이렇게 대꾸했다.

 "네, 저 보육원 출신 맞지만 다른 누구의 도움도 받지 않고 이렇게 그 누구보다 떳떳하게 살아가고 있습니다."

 어쩌면 지금 내 긍정성을 만든 원인이 되었던 것이 역설적으로 타인의 부정적 시선이 아니었을까, 나는 그렇게 생각한다. 만약 내가 보육원 출신이었던 나 스스로를 부정적으로 보았다면, 타인의 부정적 시선을 더욱 강화시키지 않았을까.

하지만 사람들은 누군가 편견을 가질 때는 편견을 가진 사람을 일방적으로 욕하는 경우가 많다. 절대 그러면 안 된다. 사람들의 편견 중에서는 이유 있는 편견인 경우가 많다. 아무런 이유가 없는데 나를 부정적으로 보는 사람들은 거의 없다.

만약 누군가 내가 보육원 출신이어서 나를 부정적으로 본다면, 보육원 출신의 아이들이 그만큼 안 좋은 모습을 보여주어서 그들의 편견을 만들었기 때문이다. 그들이 편견을 갖는 게 당연했던 것처럼, 그 당연한 편견을 당연한 긍정으로 바꿔주는 것이 내 역할이라고 생각했다.

내가 무너지지 않는다면, 내가 다른 사람에게 끝까지 긍정성을 보여준다면 나에 대한 그들의 편견도 바뀔 거라고 생각했던 것이다. 그렇다고 누군가 용기를 주거나 멘토 역할을 해주며 나에게 인생을 이렇게 살라고 가르쳐준 사람은 없다. 내가 이렇게 살기로 결정한 멘토는 다름 아닌 나 자신이다. 나는 나 자신을 스승으로 삼고 살아온 셈이다.

나를 죽이지 못한 건 나를 더 강하게 만든다

힘들 때는 유튜브 동기 부여 영상을 보며 마음을 다잡았고, 어려운 일이 있을 때는 주변 지인들에게 속얘기를 하면서 내 스스로를 끌어왔던 것 같다. 그 과정에서 누군가에게 기대려고 하거나 도움을 받으려고 했다면 지금의 강한은 없었으리라고 생각한다. 도움을 받을 수 있었지만 나는 도움을 받지 않았다. 그것만이 스스로 강해지는 길이라고 생각했기 때문이다.

물론 나도 때로는 다른 사람에게 기대고 싶을 때도 있다. 나를 물질적으로 도와준 고마운 분들에게, 심리적으로 기대고 싶은 생각이 들 때가 많다. 그러나 그들은 내 가족은 아니다. 힘들 때 나를 위해 술 한 잔 사주고 밥 한 끼 사줄 수는 있지만, 내 인생을 대신 살아줄 사람은 없다. 그렇다면, 나 스스로 강해지는 수밖에는 다른 방법이 없지 않을까.

그렇게 강한 나 자신이 되어 다른 사람에게 롤모델이 되고야 말겠다는 각오를 하게 된 것이다.

혹시 이 책을 읽는 분들 중에서는 자살을 하고 싶을 만큼 힘든 상황에 처한 이도 있을 것이다. 그런데 자살을 한다고 한들, 누가 알아주는 것도 아니다. 그냥 내가 힘들어서 목숨을 끊는다면 그걸로 끝이겠지만 사회에서는 내 죽음을 애도해줄 사람은 없다. 삶은 내가 있든 없든 계속되기 때문이다.

차라리 내 힘듦을 다른 사람이 알아주길 바라는 것보다, 보란 듯이 잘 살아서 주변 사람들에게 감동과 영감을 주는 삶을 살면 그게 보람 있지 않을까? 죽을 용기가 있으면 그 용기로 살라는 말의 진정한 속뜻은 아마 이것일 듯하다.

세상에 힘들지 않은 사람은 없다

누구나 다 힘들다. 취업이 안 되어서 힘들고, 연애가 마음대로 안 되어서 힘들고, 진로 때문에 고민이 되어 힘들다. 나처럼 가족이 없어서 힘든 사람도 있고, 가족이 많아서 힘든 사람도 있다. 사람은 저마다 각자의 고민을 안고 사는 존재이니 말이다. 그런데 그 힘듦을 견디는 과정은 사람마다 조금씩 차이가 있다. 똑같이 힘든 상황에서 어떤 사람은 비교적 그 상황을 잘 견디는 반면에, 어떤 사람은 그 상황을 견디지 못해 괴로워한다. 그 차이가 어디에서 오는 걸까?

바로 '마인드컨트롤'이다. 정말 죽도록 힘든 상황이라고 해도, 잘 찾아보면 구멍 하나쯤은 나오는 법이다. 쥐구멍에 볕이 드는 것처럼, 암흑 같은 상황에서도 한 줄기 희망은 언제나 존재하는 법이다. 그런데 중요한 것은 그 한 줄기 빛을 향해 나아가야 하는 사람은 다름 아닌 나 자신이라는 사실이다. 다른 누구도 나를 대신해 그 빛을 비춰주지 않는다.

절대적인 순간은 없다.
잘 생각해보면 아무리 힘든 순간도 결국 지나가게 마련이다. 시간이 흐르는 한, 좋은 순간도 나쁜 순간도 곧 지나간다. 이 사실을 안다면 나에게 생긴 기쁜 일도 덤덤

해지고, 나쁜 일도 그러려니 하게 된다.

  나는 힘들 때면 오히려 단순해진다. 그냥 아무 생각 없이 드라마를 보거나 다음 주에 친구를 만나서 밥을 먹을 생각을 한다. 수술을 해서 몸이 천근만근인데도 그 생각만 하면 기분이 좋아지는 무언가를 떠올린다. 그럼 잠시나마 무거웠던 생각이 가벼워진다.

최고의 삶을 만들기 위해

 살면서 돈이 없을 때가 있다. 나도 돈이 없어서 쩔쩔맸던 순간을 숱하게 겪어 보았다. 그런데 돈이 없다고 고민만 한다고 돈이 나오지 않는다. 요즘은 돈을 벌기 위해 일할 곳이 얼마나 많은가. 나는 돈이 떨어지면 망설이지 않고 새벽 시장에 나가 인부 일자리를 구했다.

 쿠팡 아르바이트를 하면서 그때그때 떨어진 돈을 모았다. 보육원을 나온 이후로 내가 돈이 없어서 곤란했던 적은 한두 번이 아니었다. 그런데 그때마다 주변 사람들에게 손을 벌렸다면 어떻게 되었을까. 나는 아마 이후로도 자립 같은 건 생각도 안 하고 돈이 없을 때마다 주변 이들에게 손을 벌리는 인생을 살았을 것이다.

 사람의 심리라는 게 그렇다. 천 원을 빌리면 만 원을 빌리고 싶어지고, 만 원을 빌리고 나면 백만 원을 빌리고 싶어지니 말이다. 그러니까 아예 십 원 한 장 없을 때부터 자립심을 길러야 한다. 천 원이 없으면 내가 무슨 일을 해서라도 천 원을 벌자는 생각을 가지고 있어야 한다.

한 번은 보육원을 나와서 세상 물정을 몰라 보이스피싱으로 수백만 원을 날린 적도 있다. 그때는 절망할 생각도 없이, 통장에 잔고가 0원인 상황을 타개하기 위해 곧바로 알바를 나갔다. 다른 사람들은 힘들어서 좌절하고, 슬퍼만 하고 있었을 시간에 나는 무엇이든 하려고 손에 잡히는 대로 일을 했다.

봅슬레이 국가대표 시절, 2022년 베이징 동계올림픽에 나가는 걸 목표로 운동을 했다. 그 전 월드컵에서 좋은 기량을 보여주었던 나였기에 주변의 기대도 컸고 나 역시 올림픽에서 꼭 메달을 따보리라는 각오로 열심히 훈련을 했다.

하지만 결과는 어떻게 되었을까. 부상으로 올림픽에 나가지 못하고 은퇴를 했다. 보통 사람이었다면 멘탈이 완전히 무너졌을 것이다. 4년마다 열리는 올림픽에 국가대표로서 출전하지 못한다는 건, 인생을 송두리째 낭비하는 일 아닌가.

그런데 그 순간 내가 했던 생각은 이런 것이었다.

'그래, 무엇이든 영원하고 절대적인 건 없다.
내가 국가대표를 달게 된 것만으로 감사하자.'

그렇게 올림픽에 나갈 수 없는 상황에서도 나는 감사했다. 그리고 이후 미련 없이 국가대표에서 은퇴할 수 있었다. 최선을 다했기에, 어떠한 후회도 남기지 않았기에 할 수 있었던 선택이었다.

아무리 황금 같은 순간도, 지옥 같은 시간도 결국 지나간다. 그 순간에 미련을 두고, 그 순간을 붙잡으려는 어리석은 생각을 버리자. 지금 이 순간, 나에게 주어진 순간에 감사하며 최선을 다하면 그것이야말로 최고의 삶을 사는 것이 아닐까.

재능이 없는 사람도 꿈을 이룰 수 있을까?

　세상에는 천재가 있고 둔재가 있다. 천재는 별다른 노력 없이도 원하는 것을 성취한다. 보통 사람들은 그런 천재를 보면서 자신의 모자란 재능을 한탄한다. 그렇다면 보통 사람들은 영원히 천재를 부러워하면서 자기 재능을 펼칠 수 없는 걸까.

　나 역시 봅슬레이에 재능이 없었다. 천재는 더더욱 아니었다. 그런데 나는 재능이 없는 사람은 속도가 조금 느릴 뿐, 결국 목표에 도달하는 건 천재와 똑같다고 생각하는 편이다. 재능이 많은 사람은 주변의 찬사를 받으며 그 자리까지 가겠지만 그가 그 위치를 유지할 수 있는 건 잠시 잠깐일지도 모른다. 왜일까?
　재능이 없지만 죽을힘을 다해 노력하는 사람이 치고 올라오기 때문이다. 세상에 노력하는 사람을 이길 수 있는 천재는 없다. 재능이 부족한 사람이라고 해도, 자기의 부족한 재능을 갈고닦으면 언젠가는 천재들을 추월할 수 있다. 적어도 나는 그렇게 생각한다.

주변 사람에게 기대지 말라

계속 반복하는 얘기지만 자신에게 부족한 것을 스스로 채우고 연마하는 훈련을 해야 한다. 자기도 모르게 주변 사람들에게 기대려는 습관은 스스로 노력하려는 의지를 무디게 만든다. 나 역시 숱하게 주변에 기대를 걸었다가 실망한 적이 많다.

대학 때는 친구에게 여자 친구 임신 중절 비용을 빌려 주었다가 떼이기도 하고, 사회에 나와서는 사기를 당하면서 돈을 잃기도 했다. 그 사람들의 잘못이지만, 지금 생각해보면 그 사람들에게 은연중 기대려고 했던 내 마음의 문제도 있었다. 누구도 내 인생을 대신 살아줄 수 없는데 말이다.

갈 곳이 없는 친구를 재워주면, 친구는 처음엔 고마워하지만 하루이틀이 지나면 흡사 그곳이 자기 집인 것처럼 태도가 변한다. 내가 "이제 그만 집을 비워주면 고맙겠어"라고 얘기하면 상대는 "강한이 변했다"고 말한다. 이게 바로 사람의 마음이다. 어제와 오늘 다르고, 아침과 저녁이 다른 게 사람 심리일 텐데 이런 타인의 마음에 기대어서 무언가를 바란다는 건 로또에 당첨되길 바라는 것처럼 어리석은 마음이다.

 물론 세상에는 언제나 나를 응원해주는 좋은 사람들도 많다. 기억해야 할 것은 나를 응원해주는 사람들처럼 나를 이용하려는 사람들도 존재한다는 것이다. 이 점을 잊지 말아야 한다. 누구에게나 내 속마음을 보여서도, 누구에게나 내 모든 걸 보여줘서도 안 된다. 오로지 나를 롤모델로 삼고 살아가는 것만이 다른 사람을 도와주고 다른 사람에게 피해를 주지 않는 삶을 살아가는 방법이다.

 어떤 사람은 연예인, 어떤 사람은 축구선수가 롤모델이라고 말한다. 그런데 나는 누군가를 롤모델로 삼는다는 건 결국 그 사람의 뒤를 따라가는 삶을 사는 거라 생각한다. 삶이라는 것이 누군가의 뒤를 마냥 따라갈 수 있는 것이었던가? 오히려 내가 걸어가는 길을 스스로 개척해나가는 것이 삶 아니었던가.

 나는 더욱 성장하고 싶고, 더 발전하고 싶다. 더 강한 나를 만들어나가고 싶다. 그리고 그것이 곧 나를 벤치마크하는 삶이라 믿는다.

"당신이 할 수 있다고 믿는다면,
당신은 이미 절반은 성공한 것이다."
- 데일 카네기

당신의 꿈은 동사입니까?

스물한 살 무렵의 일이었던 걸로 기억한다. 우연히 SNS에서 동영상으로 강의를 듣는데 강사가 하는 말이 충격적이었다.

"우리는 꿈이 뭐냐고 물으면 '~가 되고 싶다'고 말합니다. 즉, 꿈이 직업이 된 거죠. 여러분, 하지만 꿈은 직업이 아닙니다. 내가 진심으로 되고 싶은 상태, 그것이 바로 꿈인 거죠."

그때까지만 해도 내 꿈은 '운동선수로 국가대표가 되는 것'이라고 생각했다. 그런데 그 영상을 본 다음에는 내가 꿈이 아닌 직업을 목표로 하고 있었다는 걸 깨닫게 된 것이다.

두 가지의 꿈

나에게는 두 가지의 꿈이 있다. 운동선수로서의 꿈과 인간 강한으로서의 꿈이다. 먼저 운동선수로서의 꿈은 국가대표가 되어 사람들에게 인정받는 것이다. 이 꿈은 이미 이루었다고 생각하고 생각한다. 두 번째 꿈은 좋은 사람이 되어서 주변에 인정을 받고 삶을 마감했을 때 너무나도 행복한 삶이었다는 한 마디를 듣는 것이다.

그 SNS 영상을 보고 난 이후 내 꿈은 한 가지로 정리되었다.

'좋은 사람이 되는 것'

그런데 좋은 사람이 된다는 건 이룰 수 없는 꿈과도 같다. 좋은 사람이라는 건 시기와 상황에 따라서도 다를 수 있고, 좋은 사람이 잠시 되었다고 해도 곧 더 좋은 사람이 되려는 목표가 생길 수 있기 때문이다. 그래서 나는 내 꿈을 사소하게 보는 사람들에게 이 꿈은 분명 이루기 쉽지 않은 원대한 꿈이라고 말해주곤 한다.

내가 생각하는 좋은 사람은, 주변 후배들에게 영감을 주고 용기를 주는 삶을 살아가는 것이다. 나아가서 누군가에게 동기 부여를 주는 사람이라면 더없이 좋겠다는 생각도 든다. 항상 긍정의 에너지와 밝은 모습으로 다른 사람에게 긍정적인 에너지를 줄 수 있다면 내 인생은 성공한 삶이라고 할 수 있지 않을까, 나는 그렇게 생각한다.

꿈은 멈출 수 없다

또 한 가지 강조하고 싶은 점은 꿈은 멈출 수 없다는 것이다. 꿈은 어떤 한 지점에만 멈춰 있는 것이 아니라 끊임없이 앞으로 나아가는 것이다. 그런 의미에서 꿈은 이루어질 수 없는 것인지도 모른다. 내가 죽었을 때, 내가 살아온 삶을 누군가 평가하면서 '강한은 좋은 사람이었어'라는 말을 듣기 위해서는 죽을 때까지 노력해야 한다.

그럼 꿈을 이루는 과정은 무엇일까? 그것은 한 단계씩 성장하며 앞으로 나아가는 과정이다. 지금은 작은 부분이지만 펼치면 펼칠수록 원대해지는 것이 바로 꿈이다.

운동선수들은 은퇴를 하면 머릿속이 하얘진다고 한다. 이미 목표를 이뤘기 때문에 다음에 이뤄야 할 꿈이 없어 허무한 상태가 되는 것이다. 그런 의미에서 나는 은퇴를 한 지금 이 시점이 더 큰 무대로 나아가야 할 시기라고 생각된다. 국가대표 강한이 아닌 인간 강한으로서 펼쳐질 인생이 지금은 너무도 설레고 기대된다.

좋은 사람은 대단한 사람이 아니어도 된다

 누군가에게 한꺼번에 거액을 기부하는 사람, 다른 사람의 인생을 한 번에 바꾸어놓는 사람, 우리 주변을 보면 이처럼 큰 영향력을 가진 사람들이 많다. 그들은 타인의 삶에 직접적인 영향을 주는 사람이란 점에서 분명 대단한 사람들이다.

 하지만 내가 생각하는 대단한 사람이란 거창한 무언가를 하지 않아도 주변에 용기와 위로를 주는 사람이다. 정말 힘들 때 내가 가진 돈을 빌려줄 수 있는 사람, 그 사람이 필요로 할 때 옆에 있어줄 수 있는 사람이 좋은 사람이다.

 좋은 사람은 100% 완벽한 사람이 될 수 없다. 조금씩 내가 가진 것을 베풀고 공유하면서 다른 사람에게 좋은 사람으로 성장해나가는 모습을 보여주는 것, 그것이 바로 내가 생각하는 좋은 사람의 기준이다.

죽어야만 결과를 알 수 있는 꿈

나에게는 좋은 사람이 되려는 꿈을 펼쳐나가는 재미가 있다.

'올 한 해 1억을 모아야지.'

'올해는 꼭 여자 친구를 만들어야지.'

이런 목표는 모두 눈에 보이는 것이고 달성하게 되면 사라지는 꿈이다. 하지만 내 꿈은 눈에 보이지 않는 꿈이다 보니 끊임없이 노력하게 된다. 결과에 욕심을 내지 않고 좋은 사람으로 계속 남기 위해 애를 쓰는 과정이 매일매일 반복된다. 내가 죽어야만 결과를 알 수 있는 꿈을 꾼다는 것, 설레는 일이 아닐까?

나는 1년 내의 목표나 1년 안에 이루고 싶은 꿈이 없다. 사람은 하루 앞날을 알 수 없는 존재인데 1년 뒤의 목표와 계획을 세우는 게 의미가 있을까. 하지만 내가 평생을 헌신해야만 하는 목표와 꿈은 분명히 존재한다.

그 과정이 쉽지만은 않다. 좌절과 실패, 아픔과 후회가 공존한다. 아무리 긍정심을 발휘해도 어찌할 수 없는 순간에는 나 역시 패배감을 느낀다. 하지만 그것을 극복해

나가는 것이 더 중요하다. 이미 살면서 몇 번의 죽을 고비를 넘겼고, 죽어야 한다는 심리를 넘어왔던 나로서는 이제 삶을 극복하는 것이 그리 어렵지 않은 일이 되었다.

앞으로 지난 과거보다 더 힘든 일이 닥친다고 하더라도, 나는 그 위기를 극복하고 결국은 버텨낼 거라는 자신감이 있다.

인생에 실패가 없을 수 있을까? 나는 불가능하다고 본다. 어떻게 보면 우리가 하루하루 살아가는 매 순간은 실패로 점철되어 있다. 연애가 마음대로 안 되는 것, 직장에서 고객을 상대하면서 겪는 스트레스, 그리고 경험이 없어서 불가피하게 저지르는 실수들 모두가 실패의 순간들이다.

흔히 '바닥을 쳤다'는 표현이 있다. 하지만 인생에 바닥은 없다는 게 내 생각이다. 바닥을 쳤다고 생각하지만, 그보다 더한 밑바닥이 있을지 누가 알겠는가? 나 역시 6번, 11번의 수술을 연거푸 하고 퇴원을 해서 방 안에 누워 있었을 때가 인생의 바닥이었다고 생각했다. 하지만 살면서 그보다 더한 바닥이 올지 어떨지는 알 수 없다. 그러니 닥쳐올 고난과 실패를 두려워하지 말고 맞서서 응대하는 것이 최선이다. 그러면서 인간은 더욱 강해지는 존재이기 때문이다.

바닥을 쳤다면 오히려 다행

바닥을 쳤다고 생각하면 그게 과연 절망일까? 바닥을 쳤으면 올라갈 일만 남은 게 아닐까. 정말 그것이 더 내려갈 곳이 없는 바닥이라면 말이다. 반대로 지금 정점이라는 생각이 들면, 곧 내려간다는 생각을 갖는 게 상식적일 것이다. 계절이 변화고 날씨가 바뀌듯, 인생의 오르내림이라는 것도 이처럼 내릴 때와 오를 때가 있다. 누구나 예외가 없다.

오히려 바닥을 한 번도 경험해보지 못한 사람은 위기를 극복할 능력을 갖지 못한다. 반대로 바닥을 충분히 경험해본 사람은 위기 상황에서도 의연하다. 위기를 겪고 나면, 자신은 이전에 그보다 더한 일을 겪었기에 그 정도의 위기는 위기라고 생각하지 않는 것이다.

내 경우를 봐도, 내가 누구보다 성장했던 것은 위기를

극복하는 과정 때문이었다. 만약 실패와 위기를 극복하지 못한다면 삶이 앞으로 나아가지 못한다. 또 실패를 극복하는 과정에서 도움을 주는 사람들도 반드시 나타나게 마련이다.

나 역시 혼자만의 힘으로 삶의 위기를 극복했다고 하면 거짓말일 것이다. 정우성 배우님, 김종국 가수님은 처음부터 나를 도와주셨고 지금도 가끔씩 연락해 용기를 주는 분들이다. 정우성 배우님을 만난 것은 우연히 부산영화제에 참석했을 때, 배우님의 옆자리에 앉게 되면서부터다. 이런저런 대화를 나누면서 '마음이 잘 통한다'는 생각이 들었는데, 마침 배우님이 개인 휴대폰 번호를 알려주시면서 친한 사이가 되었다.

나를 도와주는 인연들

정우성 배우님과의 인연은 그렇게 스쳐지나가는 것이라 생각했는데 이후에도 배우님은 내 안부를 물으시면서 가끔 술자리를 제안하시기도 했다. 감사하게도, 내가 수술비 때문에 전전긍긍하고 있을 때 수술비를 대신 내주신 분도 배우님이다.

　김종국 가수님 또한 나를 친동생처럼 대해주시면서 물심양면으로 나를 많이 도와주는 분이다. 스케줄 때문에 늘 바쁘시지만, 만나지 않아도 늘 가까이 있는 것 같은 느낌이 드는 사람이 그 두 분이다. 나는 정말 친한 사람이 누군지 기준을 세울 때, 그 사람과 만나지 않고 가끔 통화했을 때 어색하지 않은지, 만났을 때 별다른 대화가 없어도 어색하지 않은지를 따진다. 정우성 배우님과 김종국 가수님은 그렇게 편한 분들이다.

　다른 사람에게 도움을 받을 때는 나 역시 그들처럼 누군가를 돕는 사람이 되어야 한다는 생각을 더욱 많이 하게 된다. 도움을 받았을 때의 고마움을 느끼기 때문일까. 받는 기쁨도 크지만 주는 기쁨은 그에 못지않게 크다는 걸 알기 때문인지도 모르겠다.

　전 국가대표 축구선수 이동국 선수님도 그런 분이다. 원래 나와는 전혀 일면식도 없었던 선수님을 알게 된 건 정말 우연한 기회를 통해서였다. 선수님의 딸인 재아를

인천의 한 재활병원에서 우연히 만나서 대화를 나누게 된 것이 계기였다. 나는 사람을 만날 때 그 사람이 유명인인지 아닌지 상관없이 내 속얘기를 하는 편이다. 상대방에게 곧바로 진심을 털어놓는 성격 때문인지 처음 만난 사람과도 쉽게 친구가 되곤 한다.

재아는 나와 대화를 나누고 난 이후 이동국 선수님에게 "참 괜찮은 친구가 있는데 아빠도 한 번 만나보라"고 했던 것 같다. 이후에 이동국 선수님에게 연락이 와서 만나게 되었고, 내 성장 스토리를 전해들은 이동국 선수님은 "그럼 내가 너의 삼촌이 되어주겠다"고 나를 좋게 봐주었다.
덕분에 현재는 이동국 축구아카데미에서 일하면서 아이들을 가르치는 일도 하게 되었다. 지금은 이동국 선수님을 '삼촌'이라고 부르면서 누구보다 따르는 존재가 되었다.

내가 좋은 사람으로 잘 살아가고 있다는 느낌을 받을 때는 이런 순간이다. 나를 전혀 모르던 사람에게 좋은 인상을 받고 그 사람과 흔쾌히 인연을 맺게 될 때 말이다.

"가장 큰 위험은
아무런 위험도 감수하지 않는 것이다."
- 앤젤라 모나코

제3장

꿈은 명사가 아닌 동사다

누군가에게 영감을 주는 사람

　내 주변에는 나로 인해 삶의 에너지와 영감을 받는다는 이들이 많이 있다. 참 감사한 일이다. 사람들이 어째서 나를 그토록 좋아해주는 건지, 가끔 그 이유를 가만히 생각해본다. 아마도 내가 자라왔던 환경에 비해 그런 배경이 전혀 인식되지 않을 만큼, 밝고 긍정적인 에너지가 내 안에 넘치기 때문 아닐까. 나는 그렇게 생각한다.

　만약 내가 보육원 출신이라고 스스로를 비관하면서 어둡게만 살았다면, 어느 누가 나와 함께 있고 싶을까. 또 비관과 우울에 빠져 있으면 성장을 하기도 어렵다. 많은 이들이 "강한을 보면서 나 역시 성장하는 삶을 살고 싶다는 동기 부여를 얻는다"고 하는 이유다.
　그렇다고 내가 감히 그 사람들에게 어떤 영향을 미치겠다고 생각했던 건 아니다. 하지만 나도 모르는 사이 내가 하는 말과 행동을 통해서 다른 사람이 긍정적인 영향을 받는다는 건 기분 좋은 일이다.

삶은 끊임없는 도전의 연속

내가 끊임없이 도전하는 삶을 사는 이유가 여기에 있다. 나를 보면서 힘을 얻고 용기를 얻는다는 이들에게 내가 이렇게 노력하고 있고 열심히 살아가고 있다는 걸 보여주고 싶다. 그리고 나도 할 수 있으니 당신도 할 수 있다고 말해주고 싶다.

사람들은 목표나 어떤 과제에 도전한다. 나는 내 삶에 도전하고 있다. 아무도 없이 혼자서 내 삶의 모든 것을 결정해야 했던 보육원 시절부터 내 삶에 대한 도전은 시작되었다. 어릴 때부터 모든 걸 혼자 결정하고 판단하고 선택하는 것 자체가 내게는 하나의 도전이었다.

당신이 내리는 선택과 결정이 하나의 도전이다. 누구의 말을 듣지 않고, 스스로 생각해서 결정을 내렸다면 그 결과에 상관없이 당신은 하나의 작은 도전을 한 셈이다. 대학에 진학하기로 한 것, 취업을 하지 않고 쉬기로 결정한 것, 어떤 사람과 사귀거나 그 사람과 헤어져야겠다고 선택한 것 모두가 도전이다. 삶의 작은 도전 말이다.

나는 수많은 운동을 해왔다. 육상부터 허들, 카바디, 그리고 봅슬레이까지 나처럼 전국대회에 참가한 선수 중에서 종목을 그토록 많이 바꾼 사람도 없을 것이다. 내가 이렇듯 도전을 할 수 있었던 이유는 딱 한 가지다. 바로 나 자신을 믿었기 때문이다.

나 자신을 믿지 못하면 도전할 수 없다. 도전에 실패할까 봐, 내 도전이 잘못된 선택일까 봐 불안해지는 건 나 자신을 믿지 못하기 때문이다. 어쩌면 순간순간의 선택은 나 스스로를 매 순간 믿는 훈련을 하는 것과도 같다.

다른 사람이 아닌, 스스로를 오롯이 믿으려면 어떻게 해야 할까? 당연한 말이겠지만 나 자신을 닮고 싶고, 배우고 싶은 존재로 만들어야 한다. 태도가 불량하고 다른 사람을 실망시키고, 사고를 치는 사람을 배울 수 없는 것처럼, 이런 불성실한 태도로 삶을 살아가지 않도록 스스로를 지키고 단속하는 이유가 그 때문이다.

언행으로 평가받는 사람

 그래서 나는 말 한 마디, 행동 하나도 조심하려고 노력한다. 다른 누군가에게 잘 보이기 위해서가 아니라 강한, 나 스스로가 나에게 실망하는 일이 생겨서는 안 되기 때문이다. 내가 나를 믿지 못하는 일이야말로 세상에서 가장 두렵고 힘든 일이기 때문이다.

 나는 이것이 삶에서 가장 큰 도전이라고 생각한다. 어찌보면 대기업에 입사하는 것보다, 1억을 모으는 것보다 스스로를 닮고 싶은 사람으로 만드는 목표야말로 그 누구도 따라올 수 없는 거대한 목표인 셈이다. 그리고 이렇듯 삶에 대한 도전은, 내가 죽기 전에는 끝나는 것이 아니기 때문에 시시각각 노력해야 하는 것이기도 하다.

 어쩌면 취업이나 연애, 진로를 고민하는 평범한 또래들과는 다른 생각일 수 있다. 그들이 보기에는 내가 추상적이고 한가한 고민을 하는 것처럼 보일 수 있다. 하지만 그렇지 않다. 나는 누구보다 치열하게 진지하게, 좋은 사람이 되려는 꿈을 위해 노력하고 있다.

 나 역시 매일 일터에서 일하며, 또래들과 같은 이성 고민, 진로 고민을 하면서 살아가는 존재다. 현실의 조건에서 강한이라는 사람은 평범한 다른 또래들과 크게 다를 바 없다. 딱 한 가지 내가 그들과 다른 점은 '좋은 사람이 되겠다'는 이 거대한 꿈을 품고 불가능에 가까운 꿈을 이루기 위해 매일 노력한다는 점이다.

꿈을 위해 하루하루를 산다

이런 꿈이 없다면 하루하루 너무나 건조하고 무의미한 삶일 것 같다. 매일이 똑같이 반복되는 기계 같은 삶, 꿈이 없다면 인간은 일하는 기계에 불과할지 모른다. 그러나, 꿈을 꾸는 자에게는 기계 같은 하루 역시 소중히 느껴지는 법이다.

삶은 매 순간이 똑같지 않기에 기계처럼 살아간다고 푸념해도 안을 들여다보면 어제와 다른 무언가의 오늘 이 순간이 존재하는 법이니 말이다. 만약 현재가 불안하고, 무의미하게 느껴진다면 미래에 어떻게 살고 싶다는 꿈이 없기 때문일지 모른다. 꿈이 있는 사람은 반복되는 하루가 절대 무의미하지 않다. 오히려 반복되는 삶이 지극히 감사하다. 반복되는 하루하루가 모여 내가 꿈꾸는 미래를 향해 나아가기 때문이다.

시작보다 끝이 좋은 사람

　세상에는 좋은 사람이 참 많다. 인상도 좋고, 집안 환경도 좋아서 만나자마자 호감을 주는 그런 사람을 나 역시 몇 명 알고 있다. 그런데 시간이 흘러서 그 사람을 겪다 보면 처음에 몰랐던 면들을 알게 되고, 그것 때문에 상대에게 실망한다.

　특히 상대방을 이용하려는 심리를 가진 사람은, 첫인상과 달리 끝에 가서는 그의 진면모를 알게 된다. 그래서 나는 처음보다는 '끝'이 좋은 사람이 되려고 노력한다. 첫인상을 좋게 보이는 건 어렵지 않다. 웃는 얼굴로 상대에게 친절하게 대하면 누구나 한 번은 호감을 줄 수 있다.

　하지만 그 사람과 관계를 맺는 동안에도 지속적으로 좋은 사람이 되기란 어려운 법이다. 사람에게는 누구나 이기심이 있기 때문에 결국에는 자기 자신에게 득이 되는 방향으로 마음이 기울기 쉽다. 끝이 좋은 사람이 되기 위해서는 결국 내가 남보다 조금 더 손해를 본다는 생각을 가질 수밖에 없다.

남보다 덜 갖고, 남보다 조금 손해본다는 생각으로 살면 상대방과 충돌할 일도 별로 없다. 대부분의 싸움과 갈등이 내가 조금 더 가지려는 생각 때문에 벌어진다. 그렇게 다툼과 갈등으로 남보다 조금 더 많이 가질 수 있을지는 몰라도, 그 과정에서 일그러진 관계나 나 자신이 스스로에게 주는 상처는 어떻게 감당할 것인가. 그렇게 자기 자신에게 상처를 주면서 살아온 사람은, 어떤 삶을 살아도 자기 인생을 긍정할 수 없는 법이다.

작은 성취로 이뤄진 삶

돌이켜보면 끝이 좋은 사람이란 매 순간마다 작은 성취를 쌓아나가야만 가능하지 않을까 싶다. 삶을 살고 관계를 맺다 보면 좋을 때도, 나쁠 때도 있는데 어떤 때를 만나든지 상대방과 나에게 가장 도움이 되는 방향으로 나아가려면, 즉 모두가 성취하는 방향으로 나아가려면 항상 겸손한 자세로 주변의 기회를 살펴야 한다.

내가 음반을 내고, 방송에 출연하고, 책을 쓰는 이유도 거기에 있다. 어떤 사람은 "운동선수가 느닷없이 무슨 음반을 내느냐"고 하지만 나는 작은 성취를 쌓기 위해 노력하는 과정에서 끊없는 도전을 하는 것뿐이라고 말한다. 내가 생각하는 도전의 의의는 성과나 수익에 있지 않다. 반드시 성과가 좋거나 수익과 연결되지 않아도 된다. 대신 그 일이 스스로에게 성취감을 주는 일인지, 그 성취감이 얼마나 큰지가 도전 여부를 결정하는 척도다.

예를 들어, 나는 경험을 토대로 음원을 냈는데, 그 음원이 내게 가져다주는 수익은 거의 없다. 돈을 벌기 위해서라면, 오히려 내 비용과 시간이 들어가는 음원 출시를 하지 않았을 것이다. 내가 음원을 낸 이유는 딱 하나, 음원을 들은 이들이 조금이라도 삶의 용기와 희망을 갖도록 만들기 위해서였다. 그리고 실제로, 음원을 들은 이들은 한결같이 "감동을 받았다"라면서 나에게 고맙다는 인사를 했다.

세상에 흔적을 남기는 일

누구나 결국은 언젠가 세상을 떠난다. 현재를 사는 우

리는 죽지 않을 것처럼 살아가지만, 유명한 사람이든 그렇지 않든, 돈이 많든 적든 모든 사람은 언젠가는 반드시 죽게 되어 있다.

  내가 아는 보육원 출신의 선배가 있었다. 그는 보육원 출신의 그늘에 갇히지 않고, 자신의 꿈과 미래를 위해 꿈을 펼치던, 누가 봐도 전도유망한 사람이었다.

  자신의 성공에만 매몰되지 않고, 성공하면 어려운 사람을 돕고 살겠다는 꿈을 품은 멋진 선배였다. 나 역시 한때 그를 롤모델로 삼으며 그의 행보를 관심 있게 지켜봤던 적도 있다. 그런데 그 선배는 어느 날 갑자기 지병으로 세상을 떠나고 말았다. 그가 죽음으로 인해서 일궈 놓으려고 했던 수많은 꿈과 목표가 한순간에 물거품이 되고 말았다.

  그때 나는 적잖은 충격을 받았다. 그 선배가 보육원 출신인 나의 롤모델이었고 그의 꿈이 이뤄지는 것을 나 역시 마음속으로 간절히 소망했기 때문이다. 하지만, 그가 그렇듯 지병으로 갑자기 세상을 떠나게 될 거라고는 상상도 하지 못했다.

그 선배는 자신의 꿈을, 꿈꾸고 노력한 흔적을 무엇으로 남겼을까. 살아 있을 때 그의 모습과 행동을 알던 사람들은 오직 기억으로만 그를 추억할 뿐이다. 그는 남을 돕고 살겠다는 자신의 꿈을 어떠한 기록으로도 남기지 못했다. 이렇게 슬프고 가슴 아픈 일이 또 있을까.

선배의 죽음을 계기로 결심한 게 있다. 나는 세상에 반드시 흔적을 남기고 죽는 사람이 되어야겠다는 것이다. 노래를 녹음한 것도, 노래는 썩지 않고 세상에 영원히 남는다는 생각에서였다. 이제와 고백을 하자면 나는 〈너의 목소리가 보여〉라는 프로그램에서 '음치'로 출연할 정도로 노래를 못하는 사람이었다. 그랬던 내가 음반을 녹음하기 위해 보컬 학원에 등록하고, 노력을 해서 가수 못지않은 음색을 뽐낼 수 있었던 건, 내가 실력이 대단해서가 아니라 그저 '간절함' 때문이었다.

어떻게 해서든 세상에 흔적을 남겨야 한다는 간절함이 원동력이 되었던 것이다. 방송 출연을 하는 것도 마찬가지다. 나는 예능인이나 방송인으로 성공하거나 돈을 많이 벌겠다는 생각이 없다. 하지만 방송을 보면서 누군가는 나로 인해 분명히 힘을 얻을 거라고 생각한다. 나로 인해 조금이나마 에너지를 얻는 사람이 있다면 그걸로 나는 만족하는 것이다.

우연한 기회로 재미삼아 방송에 출연한 것이 계기가 되어, 지금은 예능 프로그램 PD님들이 출연 요청을 해줄 정도로 방송은 이제 내 삶의 중요한 부분이 되었다. 단역으로 끝날 수 있었던 내 방송 경력이, PD님들이 계속 섭외를 할 정도가 되었다면 그래도 내가 좋은 사람이었기 때문이 아닐까. 그럴 때마다 속으로 '내가 그래도 인생을 참 잘 살았구나'라는 생각이 든다.

중요한 건 어떤 태도로 일을 하느냐이다

얼마 전에는 2024년부터 방송될 예능 프로그램을 몇 편 촬영했다. 사람들은 카메라 앞에 서는 것이 떨리고 긴장이 되지 않느냐고 묻는다. 당연히 방송 경험이 없으니 몇 시간씩 진행되는 촬영은 쉽지 않다. 그래도 나는 부담감을 갖지 않고 촬영하는 편이다. 촬영 장소에 있는 것 자체가 영광이라는 생각 때문에 재미있게 하려고 노력하기 때문이다.

나는 단 10분을 촬영할 때도 10시간을 준비하는 성격이다. 〈너목보〉에 출연할 당시, 음치로 출연하기 위해 노래 연습을 했던 나를 위해 PD님이 보컬학원에 따로 등록시켜주실 정도였다.

사람들은 "너를 보면 왠지 응원해주고 싶고 더 잘해주고 싶다"는 말을 한다. 그 이유는 내가 누구보다 열심히 하고, 또 모든 사람에게 최선을 다하려고 노력하기 때문이 아닐까. 나는 어떤 일을 하느냐보다, 어떤 태도로 그 일에 임하느냐가 더 중요하다고 생각한다. 가끔 '어떤 회사에 들어가서 무슨 일을 해야 할지 모르겠다'고 말하는 후배들에게 나는 이렇게 말한다.

"자기가 무슨 일을 해야 할지 아는 사람이 몇이나 될까? 오히려 주어진 일을 하게 되는 경우가 더 많을걸. 중요한 건 내가 맡은 일이 무엇이든 간에, 그 일을 하는 태도라고 생각해. 아무리 보잘것없는 일도 내가 그 일을 함으로써 빛이 날 수 있다면, 그 일은 세상에서 가장 중요한 일이 되는 셈이야."

최선을 다하는 것이 가장 어렵다

그리고 어떤 일을 잘해내는 것보다, 어떤 일에 최선을 다해 임하는 태도가 더 어렵다. 전자는 연습하면 되지만 후자는 매 순간 영혼을 쏟아야 하기 때문이다. 가끔 나는 다른 보육원의 후배들을 위해 강연이나 봉사를 하러 간다. 그곳에 가면, 어린 시절의 나처럼, 현재 무엇을 해야 할지 모르고 혼란스러워하는 수많은 아이들을 만나게 된다. 그 아이들에게 지금 필요한 건 돈이나 부모가 아닐지 모른다. 그들에게 필요한 건 다름 아닌 '삶의 용기'이다.

내가 보육원에 가서 하는 일이라곤, 그런 아이들에게 '어떻게 살아야 하고, 그렇게 살아야 하는 이유는 무엇인가' 하는 동기를 부여해주는 것밖에 없다. 아이들은 내 말에 "형 덕분에 삶의 용기를 얻고 앞으로의 꿈을 찾게 되었다"며 고맙다는 인사를 해준다.

내가 할 수 있는 게 많아서, 돈이 많아서 보육원 아이들을 돌보는 것이 아니다. 그 아이들에게 필요한 건 '옆에 있어주는 것'이다. 실제로 아이들은 '형은 꼭 뭘 해주지 않아도 옆에 있는 것만으로도 든든하다'고 말해주니 말이다.

사람이 나이가 들고, 경험이 쌓이고 성숙한다는 것은 다름 아닌 '태도'를 만들어나간다는 뜻 아닐까. 내가 하는 일에 어떤 태도로 임할 것인지 결정하는 것은 다름아닌 나 자신이다. 그리고 그렇게 일하는 태도에 최선을 다할 때만이 성장을 위한 성취를 얻을 수 있다고 생각한다.

위기는 누구에게나 찾아오기에

고등학교 3학년 때의 일로 기억한다. 허들 선수 유망주로 나름 자신감이 넘쳤던 나는 전국대회 동메달까지 따면서 승승장구하던 선수였다. 전국대회 이후 강원도 태백에서 열렸던 육상경기연맹에 참석했을 당시의 일이다. 준결승전에서 '결승도 아닌데 이 정도는 가볍게 이겨야지'라는 생각으로 경기를 했는데 허들이 보폭에 맞지 않는 실수를 해버렸다.

허들에 부딪치는 순간, 바닥에 쓸리면서 타박상을 입는 상황이 벌어졌다. 운동선수는 자기 기량을 객관적으로 평가하기가 늘 어렵다. 지나치게 자신감이 넘쳐서도 안 되고, 또 지나치게 자신감이 없어서도 안 된다. 기량이 높아지면 무리를 하게 되고, 기량이 떨어지면 자존감이 떨어지는 심리적 롤러코스터의 반복이다. 그래서 운동선수야말로 어떤 직업보다도 마인드 컨트롤이 중요한 직업이라고 할 수 있다.

어려움을 극복하는 법

 그런데 실수와 위기는 피할 수가 없다. 중요한 건 그러한 실수 앞에서 어떻게 대처하느냐의 문제다. 나는 실패를 할 때 그 실패를 부정하거나 거부하지 않고 있는 그대로 받아들이려고 노력했다. 겉으로 보이기엔 실패처럼 보이나, 안을 들여다보면 나를 성장시키는 요소들도 많기에 그 실패를 부정적으로 해석하지 않는 것이 필요하다.

 모든 일은 생각하기 나름이다. "죽을 만큼 힘들다"라고 하면 나무젓가락을 부러뜨리는 것처럼 사소한 일도 '죽도록' 힘든 일이 된다. 반대로 "별일도 아니다"라고 생각하면 그 일을 가볍게 넘기게 된다. 이 생각의 마법을 이해하는 것이 중요하다.

 내가 수술을 11번도 넘게 하는 걸 보면서, 사람들이 "어떻게 그렇게 힘든 수술을 이겨낼 수 있었느냐"고 묻는다. 나는 "수술은 생각하는 것보다 대수로운 게 아니다"라고 말한다. 누군가에게는 한 번의 수술이 엄청난 일이겠지만 수술을 6번, 11번 한 나에게 한 번의 수술은 상대적으로 '별일 아닌' 게 된다.

동력에는 에너지가 필요하다. 죽을 만큼 힘든 순간, 나를 일으켜세우는 원동력은 무엇일까? 희망도, 격려도, 가능성도 없어 보이는 순간에 나를 앞으로 나아가게 하는 힘 말이다.

동력으로 삼을 재료가 전혀 없어 보이는 상황에서도, 얼마든지 재료를 찾을 수 있다. 심지어 이 재료는 너무도 많아서 필요하면 언제든지 꺼내어 쓸 수도 있다.

그것은 바로 사람들의 '부정적인 시선'이다.

아니, 사람들의 부정적인 시선을 원동력으로 삼는다고? 그렇다. 나는 앞서 말한 가능성이나 희망이 전혀 없었기에 무슨 재료든, 나를 앞으로 나아가게 만들 원동력이 필요했다. 그럴 때 내가 가장 많이 받았던 것은 주변 사람들의 부정적인 시선이었다.

"어차피, 쟤는 안 될 거야."
"그게 말이 된다고 생각하나, 철이 없어도 너무 없네."
당신이 힘들 때는 이런 부정적인 말들이 난무할 것이다. 아무리 생각해도 이 말들이 당장 나에게 도움이 될 것 같지는 않아 보인다. 하지만, 잘 생각해보면 도움이 된다. "어차피 못한다"라는 말을 뒤집으면 "결국 해낸다"라는 말이 숨어 있다. 이 말을 어떻게 나에게 도움이 되는 쪽으로 바꾸느냐는 결국 내 마음먹기에 달렸다.

이때 중요한 건 절대로 '오기'를 부려서는 안 된다는 점이다. 오기가 아니라 '긍정의 마음'으로 바꾸는 것이 중요하다.

부정적인 시선을, 긍정의 에너지로 바꿀 수 있다면 당신은 끊임없이 앞으로 나아갈 수 있게 된다. 정말이다. 내가 그렇게 했다. 거듭된 수술로 인해 벼랑 끝이라고 생각했던 상황에서 주변의 부정적인 말들이 내게는 오히려 앞으로 나아갈 수 있는 동력이 되었다. 독한 마음을 먹는다거나 오기를 부리면 절대 안 된다. 그러면 순간적으로는 앞으로 나아가는 것처럼 보이지만 부정적인 에너지를 쥐어짜면 그 에너지가 결국 독이 되어 나에게 돌아오는 법이다.

당신은 극한의 힘든 상황에서도 여전히 당신 자신이다. 그리고 그 시기를 통과한 이후 더욱 굳건하게 당신으로 거듭날 수 있다. 상황이 힘들든 그렇지 않든 나 스스로의 존재감은 달라지지 않는다. 상황이 힘들다고 내 존재가 달라진다면, 그 사람의 인생은 고정된 지표 없이 계속 롤러코스터 타듯 불안정할 뿐이다. 당신은 이런 삶을 원하는가?

힘든 시기를 통과하고 당신이 더욱 큰 사람이 되려면 반드시 알아야 할 것이 있다. 그 힘든 시기에 시련을 도파민 삼아서 성장해야 한다는 것이다. 그리고 그 과정에서 다른 사람에게 부정적인 영향을 받거나, 내뱉어서는 안 된다.

기억하자. 긍정적인 사람은 상황이 힘들든, 나쁘든 언제든지 앞으로 나아갈 수 있다는 것 말이다.

부정적인 삶은 결국 후회만 남게 된다

 내 처지가 힘들면 내 앞에 놓인 상황을 긍정하기보다는 부정하게 마련이다. 그 편이 훨씬 손쉬운 선택이다. 예를 들면
 '나는 하는 일마다 잘 되네!'
 이렇게 말하는 것이,
 '아, 왜 이렇게 되는 일이 없지?'
 이렇게 말하는 것보다 훨씬 어렵다.
 마치 화수분처럼 내 안의 긍정심을 퍼올리려면 어떻게 해야 할까?
 나 역시 이렇게 스스로를 긍정하는 것이 마냥 쉬웠던 것은 아니다. 사람들이 나를 부정적으로 보는 것이 싫어서, 혼자서 긍정심을 우기면서 다른 사람들에게 표현했던 적도 많다.
 하지만, 그럴 때마다 왠지 스스로 한계가 느껴지곤 했다. 부정을 부정하려 할수록 부정적 감정이 더 많이 차오르는 부작용이 생겼다.
 '나는 정말 스스로를 긍정할 수 없는 사람인 걸까.'

그렇게 낙망하고 있던 어느 날, 갑자기 내 머릿속을 스친 한 가지 생각이 있었다.

'아, 이렇게 스스로 고민하고 부정을 되뇌는 것 자체가 부정적인 것은 아닐까.'

사람들은 부정적인 느낌을 주는 사람을 피한다

사람은 누구나 긍정적인 느낌을 주는 사람을 선호한다. 옆에 서 있으면 왠지 부정적인 기운이 감도는 사람이 있다. 아무리 외모가 뛰어나고 그가 대단한 사람이어도, 이런 사람 옆에서는 단 몇 분도 함께 하고 싶지 않은 게 사람의 심리다.

그렇기 때문에 부정적인 사람은 주변에 사람이 없게 되고, 그렇게 사람이 없는 자신의 신세를 한탄하며 더욱 부정적인 마음에 빠져들게 된다. 이를 '부정의 악순환'이라고 한다.

그런데 이렇게 부정적으로 살면, 언젠가는 자기 삶을 후회하게 된다. 나 역시도 부정의 악순환에 빠져서 허우

적거렸던 것이 불과 몇 년 되지 않는다.

'내가 부정적이면 남들도 나를 부정적으로 볼 수밖에 없다. 그럼 내 주변에는 아무도 남아 있지 않을 것이다. 그럼 차라리 내가 힘들수록 웃으면 어떻게 될까?'

이렇게 생각의 흐름이 크게 바뀐 이후부터 다른 사람에게 의식적으로 웃으려는 노력을 했다. 물론 마음속에 긍정심도 장착하기 시작했다. 주변 상황이 아무리 내게 불리하게 돌아가더라도, 바뀐 것이 아무것도 없더라도 우선 현재 상황을 긍정하면서 먼저 웃어보기로 한 것이다.

놀라운 변화가 생기다

그랬더니 믿기지 않을 만큼 놀라운 변화가 생겼다. 단지 주변 환경에 웃으면서 반응을 했을 뿐인데 이후부터는 내 인생에 실제로 긍정적인 일만 생기기 시작했다. 주변 환경은 아무것도 달라진 게 없고 단지 내가 반응하는 태도만 바꾸었는데 말이다!

결국 내가 바뀌지 않으면 세상도 바뀌지 않는다는 점을 깨달은 것이다. 많은 젊은 후배들이 이 점을 놓치곤 한다. 부정적인 마음을 품고 있든, 긍정적인 마음을 품든 시간은 계속해서 흐른다. 그런데 내가 긍정심을 품으면 세상의 흐름이라는 파도를 타고 흘러가는 반면에, 내가 부정심을 품고 있으면 이 흐름을 타지 못하고 나 혼자 멈춰 있게 된다는 사실이다.

결국 내가 바뀌지 않으면 세상도 바뀌지 않는다. 나 역시 이 점에 '현타'가 올 때쯤에서야 세상을 대하는 태도를 바꾸어야겠다고 생각했다.
나를 바꾸는 건 세상에서 가장 어려운 일이지만 인생을 바꾸는 가장 빠른 길이기도 하다. 인생에는 지름길이 없다. 내가 곧바로 무엇을 바꿀 수 있는지를 알면, 내 인생을 바꿀 수 있다는 점을 기억하자.

주변의 도움을 받아들이다

세상을 긍정하고 난 뒤부터는 돈이 부족한 상황도 저절로 해결이 되었다. 전지훈련비가 없을 때 친구 부모님이 대신 내준 적도 있고, 수술비가 없을 때 친한 선배가 이를 대신 내주기도 했다. 감사하게도 이런 주변의 도움이 있었기에, 지금껏 대출을 받거나 경제적 어려움을 겪지 않고도 살아갈 수 있었던 것 같다.

  하지만 인생은 받은 만큼 돌려주어야 한다. 받기만 하고 돌려주지 않는 사람은 결국 받은 것마저 잃게 된다. 나 역시 누구보다 받은 것이 많았던 삶이기에, 앞으로는 그들에게 받은 것을 되돌려줄 삶을 살아내야 한다. 내가 훗날 다른 사람을 도와주는 사회복지재단을 설립하겠다는 꿈을 품은 것도 그 때문이다.

돈 때문에 인생을 먹히지 마라

 자본주의 사회에서 살아가는 우리들은 항상 돈 때문에 어려움을 겪는다. 특히 20대는 경제적 자립이 되지 않은 상태에서 학자금 대출을 갚거나 생활비를 스스로 해결하기 위해 어려움을 겪는다. 이 때문에 돈에 시달리면서, 가난을 원망하거나 자기 꿈을 포기하는 경우를 자주 보게 된다.

돈 때문에 꿈을 포기하지 마라

 하지만 나는 그렇게 생각한다. 지금 나에게 꼭 필요한 돈이 나중에는 나에게 필요없는 돈일 수 있다고. 급하게 어떤 일에 돈을 써야 한다면, 그 돈은 어떻게든 마련이 된다고. 그러니까 지금 당장 필요한 돈 때문에 내 인생 전체를 돈에 저당 잡히지 않는 삶을 사는 것이 중요하다.

 돈이 없을 때 다른 사람의 도움을 받는 건 부끄러운 일은 아니다. 하지만, 다른 사람의 도움을 구하는 것은 다른 문제다. 내가 먼저 돈을 빌려달라고 말하는 건 용기가 필요한 일이다. 나는 돈을 빌려달라는 용기가 있다면, 얼마든지 세상에 나가서 스스로 돈을 벌 수 있다고 생각한다.

'내가 어떻게 이 돈을 만들지?'
이렇게 생각하면 어려울 수 있지만, 막상 시도하면 별게 아닐 수도 있다. 어떻게든 내가 돈을 벌어서 당면한 금액을 갚을 수 있다는 의지를 갖는 것이 더 중요하다. 그런데 이런 의지조차 없이 돈이 없으면 무조건 다른 사람에게 돈을 빌리거나, 주변에 도움을 청하는 사람들이 많다. 이렇게 되면 스스로 경제적 삶에서 자립하기가 어려워진다.

유리 멘탈을 위한 조언

사람들은 위기 앞에 쉽게 무너진다. 나 역시 국가대표가 되는 과정에서 수도 없이 멘탈이 무너지는 경험을 했다.
더욱이 도와주는 사람 하나 없는 상황에서, 멘탈을 유

지한다는 건 결코 쉬운 일이 아니다. 게다가 삶은 내 마음대로 되지 않는다. 내 마음대로 일이 풀리지 않는 상황에서 멘탈이 흔들리면 다른 사람의 눈치를 더더욱 보게 된다.

'혹시 저 사람이 나를 안 좋게 보면 어쩌지?'

이런 생각을 하게 되면 더더욱 조바심이 나고 자존감이 낮아진다. 이럴 땐 어떻게 하면 좋을까?

그런데 이렇게 멘탈이 흔들릴 때마다 누가 나를 잡아줄 수 있는 건 아니다. 잠시 위로를 받을 순 있겠지만 결국 이렇게 흔들린 멘탈은 스스로 잡지 않으면, 안 된다. 그럴 때 자기 멘탈을 관리하는 방법은 딱 한 가지밖에 없다. 그것은 바로 '생각을 바꾸는 것'이다. 내가 그 상황을 어떻게 받아들이느냐에 따라 상황은 얼마든지 바뀐다.

쉽게 말해 상황에 대한 인식을 바꾸는 것만으로도, 멘탈을 회복할 수 있다는 것이다. 나 역시 방송 출연을 하면서 '악플'을 수시로 접한다. 주변에서는 방송 댓글을 보지 말라고 하지만, 내 방송에 대한 시청자 반응을 모니터링하는 과정에서 자연스럽게 악플을 보게 된다.

'감성 팔이 하고 있네.'
'주작도 정도껏 하지.'
이런 댓글에 상처를 받기 시작하면, 우울증에 걸릴 확률이 높다.
'왜 나를 한 번도 만난 적도 없는 사람이 저렇게 내 욕을 하는 걸까? 저 사람 정말 싫다.'
이렇게 생각하기 시작하면 계속 스스로 발목을 잡는 것이다. 스스로를 깎는 것과 마찬가지다. 하지만 이럴 때, 상황 인식을 바꾸면 생각을 달리 해볼 수도 있다.

'아, 저 사람은 내가 부러워서 그러는 거구나.'
'터무니없는 생각을 하는 사람이니 내가 상처받을 필요가 없겠구나.'
실제로도 그렇다. 근거 없는 비방이나 악플을 보면, 이제는 마음의 기스가 나지 않는다.
잘 생각해보자. 멘탈이 나갈 상황은 살면서 계속 벌어질 것이다. 내 마음에 상처를 주는 사람들은 또 나타날 것이고, 내가 누군가로 인해 속앓이를 하는 상황도 또 벌어질 것이다.
앞으로 이런 상황이 또 벌어질 거라는 걸 안다면, 내가 거기에 어떻게 미리 대비하느냐에 따라서 멘탈 관리가 잘 될 수도 있고, 아닐 수도 있을 것이다.

상황을 어떻게 받아들이는가

이렇듯 내 마음에 생채기를 내는 사람, 내 마음을 뒤흔드는 상황에 맞게 어떻게 대처할 것이냐가 매우 중요하다는 걸 알 수 있다. 그리고 멘탈이 나갔을 때 배우는 것도 많다. 내가 그 상황에 어떻게 반응했는지, 상대에게 실수한 건 없는지를 천천히 복기하다 보면 반성하거나 배울 점을 찾게 되기도 한다.

그렇게 반성하고도 힘들 때는 '동기 부여' 영상을 보곤 한다. 사람들은 멘토가 없어서 혼자서 멘탈 관리를 하려고 하지만 나는 유튜브에 수많은 멘토들이 있다고 생각한다. 강철 멘탈을 위한 방법을 가르쳐주는 그들 덕분에, 나는 별도의 스승이 필요가 없다.

"나 너무 힘들다."
"지금 이 상황을 어떻게 극복하면 좋을지 모르겠어."
나는 주변에 이렇게 힘들다는 말을 좀처럼 하지 않는

다. 차라리, 동기 부여 영상을 보며 스스로를 다잡는 것이 더 낫다. 어떤 이들은 삶의 롤모델로 삼는 인물이 있어서 그 사람의 말과 행동을 모방하거나 닮으려고 하지만, 나는 다른 누군가의 삶이 내 인생의 모델이 되는 걸 원치 않는다. 강한은 강한을 롤모델로 사는 것이 가장 이상적이라는 생각 때문이다.

간절하고 절실하면 안 되는 일이 없다.

어떤 일이 잘 안 풀릴 때는 스스로에게 이렇게 질문한다.
'강한, 네가 이번 일을 이루기 위해 정말 최선을 다했어?'
만약 이 질문에 그렇다고 생각한다면, 그것은 내 손을 떠나서 삶이라는 변수에 내맡겨야 한다. 인생의 운전대는 내가 잡은 것 같지만, 그러기엔 인생의 변수가 너무나도 많기 때문이다.

나 스스로의 절실함 되찾기

나는 고등학교 3학년 때까지 육상을 했다. 전국대회를 나가야 하는데 내 실력은 고작 예선 탈락을 할 정도밖에 되지 않았다. 그때는 어떻게든 운동으로 먹고살아야겠다는 절실함이 있었다. 그래서 겨울 동계훈련을 앞두고, 내 기록을 경신하고 말겠다는 강한 다짐을 했다. 스스로를 절실한 상태로 몰아넣은 것이다.

인간의 한계를 뛰어넘는 것은 다름아닌 절실함이다. '열심히'가 아닌 '절실함'이라는 데 주목하기 바란다. 가끔 "나는 아주 열심히 노력했는데 일이 잘 풀리지 않았다"라고 하는 사람들을 만난다. 그런 사람들에게 나는 묻는다.

"열심히 하는 걸로는 부족합니다. 간절하게, 죽을 만큼 그것을 얻기 위해 노력해보셨나요?"

이렇게 물으면 대부분은 고개를 젓는다. 어떤 일을 죽을 만큼 절실하게 도전하는 사람을 나는 지금껏 별로 만나보지 못했던 것 같다. 사람들이 무언가를 원한다는 건, 결국 "한 번 되는지 안 되는지 시도해볼까"에 가깝다. 그렇게 해서는 자신의 한계를 뛰어넘은 결과를 만들지 못한다는 걸 깨달아야 한다.

 나는 절실함의 힘으로 고등학교 3학년 때 전국대회 예선 탈락의 실력에서 메달 수상이라는 기적 같은 결과를 만들어냈다. 내 기록은 무려 7초가 앞당겨졌다. 어떻게 그렇듯 짧은 시간 안에 드라마틱한 변화가 일어났는지를 주변에서는 이해하지 못했다. 그러나 나는 그 이유를 알 수 있다. 내가 역전 드라마를 쓴 이유는 '절실함' 때문이다. 그리고 이런 나의 절실함이 곧, 한계를 극복하는 원동력이 되는 것이다.

위기를 원동력 삼아

 다시 한번 강조하지만 위기를 겪지 않는 사람은 없다. 다만 그 위기를 어떻게 발전의 원동력으로 삼느냐는 사람마다 다르다. 어떤 사람은 위기를 문자 그대로 위기로 해석해서 고통을 받는 반면에, 어떤 사람은 위기라는 글자를 뒤집어서 '기회'로 만들고, 그 기회를 이용해 자신의 능력을 극대화한다. 당신이라면 이 둘 중 어떤 사람이 될 것인가.

중요한 것은 노력을 했느냐의 여부이지, 그 노력이 꼭 대단한 결실을 맺어야 하는 것은 아니다. 노력이 반드시 결실로 돌아오지 않는 경우도 많다. 어째서 내가 하는 모든 노력이 결실로 돌아올 거라는 생각을 하는가?

농부는 한 번에 씨앗을 3개 뿌린다고 한다. 그중 하나는 썩어서 땅의 밑거름이 되고, 다른 하나는 하늘의 새들이 와서 먹는다. 나머지 한 개가 열매를 맺어 결실이 되는 것이다. 이런 농부의 마음으로 사는 사람은 실패를 실패로 받아들이지 않는다.

그에게 실패란 곧 기회의 다른 말이다.

작은 노력이라는 말이 있을까? 노력에 크고 작음이 있을까? 나는 세상에 사소한 노력은 없다고 생각한다. 노력이란 모름지기 크든 작든 간에 의미가 있는 것이다. 중요한 것은 내가 그 일을 위해 애를 쓰고 최선을 다했는지 여부다.

운동선수가 포기를 한다면, 그는 아무런 노력을 하지 않은 것이다. 단순히 내 실력을 높이는 것 이상으로, 내 실력을 높여줄 사람을 찾는 것 또한 노력의 일환이다. 나는 봅슬레이라는 운동을 찾기 위해 SNS를 찾아가면서 훈련생으로 받아줄 팀을 찾았다. 만약 내가 그때 평창군의 봅슬레이 훈련생 모집글을 보지 않았다면, 나는 국가대표 선수로 뛸 수 없었을 것이다.

"용기는 고통과 불평을 이겨낼 능력이다."
- 월터 앤더슨

아주 작은 한 번의 시도가 성공을 만든다

 성공은 아주 작은 파문에서도 비롯될 수 있다. 잔잔하던 수면에 돌 하나를 던졌을 때 파문이 일면, 그 파문이 점점 커져 파도가 되는 식이다.

 '내가 이렇게 적은 노력을 해봤자 뭐가 달라지겠어?'

 우리는 이런 식으로 생각하곤 한다. 하지만 장기적으로 생각하면, 먼 미래의 성공은 오늘날의 적은 노력이 뒷받침되어 만들어지는 것이다. 현재의 노력을 보잘것없이 생각하는 사람은 먼 훗날의 성공을 만들어낼 수 없다.

나를 빛나게 해줄 기회

 나는 지금도 나 자신을 빛나게 해줄 기회를 찾는 중이다. 방송에 출연하고, 음반을 내고, 강의 기회가 있으면 아무리 멀어도 찾아가서 강의를 한다.

 '저는 강한 씨처럼 인맥도 없고, 유명한 사람도 아닌데요?'

 하지만 나 역시 봅슬레이를 시작하기 전에는 누구도

알아주지 않는 평범한 사람이었다. 시작은 아주 작은 시도에서 비롯되는 것이다. 중요한 건 이런 시도를 얼마나 하는지, 이 시도를 통해서 기회를 잡기 위해 얼마나 치열히 노력하는지에 달려 있다.

0.1g밖에 안 되는 노력이라도, 노력하면 그만큼의 결과는 돌아오게 되어 있다. 이건 내 경험으로 하는 말이니 믿어도 좋다. 비록 당장 0.1g의 노력이 눈에 안 보이더라도, 이러한 노력은 세상에 던져져서 반작용이 되어 내 인생에 돌아오는 법이다.

나는 처음에는 육상, 허들, 그리고 대학 때는 누구도 알아주지 않는 종목을 선택하면서 여러 번 종목을 갈아탔다. 어떤 사람들은 이런 나를 보고 '우유부단하다'고 비난할지도 모른다. 한 가지 일에 꾸준히 집중하면 결과가 나올 텐데 이 운동, 저 운동 다 하면서 집중을 못했다고 말이다.

하지만 이 과정이 내게는 노력이었다. 나에게 맞는 운동을 찾는 과정에서 종목이 바뀔 수 있고 그것이 나에게 노력의 일환이었다면 남들에게 어떻게 비춰지느냐는 중요하지 않다.

그것은 결코 변덕이 아니라 '노력의 일환'이었다. 최선을 다한 결과로 종목을 바꾸었고, 그렇게 봅슬레이라는 종목에서 국가대표가 될 수 있었다.

자기 것을 해야 후회가 남지 않는다

인생은 다른 사람의 삶을 사는 것이 아닌, 내 삶을 사는 것이다. 그리고 자기 것을 하는 사람은 나중에 후회할 일도 없다. 내가 원하는 삶이 원하는 결과가 나오지 않았다고 해도, 후회없이 그 일을 했다면 미련을 갖지 말아야 한다.

나는 운동을 이제 막 시작하는 후배들이 조언을 구할 때 항상 이런 말을 한다.

"일단 무엇이든 시작하는 게 중요합니다. 고민할 시간에 움직이세요. 그 과정에서 내가 원하는 게 무엇인지를 찾아야 합니다. 그렇게 내가 원하는 분야를 찾았다면 어떤 후회도 없이 최선을 다해 노력하세요. 그런 다음에는 결과가 어떻게 나오든, 당신은 분명히 인생의 성공한 사람이 될 수 있을 겁니다."

자기가 하고 싶어서 한 일에 있어서는 후회가 없어야 한다.

'내가 왜 일을 했을까'라고 후회가 되는 일은 자기가 정말 원했던 일이 아닐 가능성이 높다. 그러니 원하는 일을 찾았다면, 그 일을 최대한 즐기면서 해야 한다. 어떤 일을 즐기면서 하기 위해서는 첫 단추가 중요하다.

무엇을 하든 배우는 마음으로, 처음 시작을 즐기는 마음으로, 최선을 다해서 한다면 내가 하는 일에 후회를 할 일이 없다. 반복되는 일과, 매일 똑같은 업무를 하는데 어떻게 즐기면서 할 수 있을까? 그래서 나는 매사에 배우려는 마음가짐을 갖는다. 어떤 일을 배운다는 마음가짐으로 하면, 후회할 일이 적고 그 일을 즐기면서 할 수 있다.

지금 이 순간에도 시간은 1분 1초가 어김없이 흘러가고 있다. 이 시간을 낭비하지 않고, 이 시간에 최선을 다하면 반드시 당신은 성장할 수밖에 없다. 나는 이것을

'일상의 복리'라고 부른다. 아인슈타인이 생각한 세상의 미스테리 중 하나가 바로 '복리'다. 보통 복리라는 말은 금융에서 돈의 이자를 계산할 때 많이 쓰지만, 나는 일상에서도 이런 복리의 마법이 생길 수 있다고 믿는다.

하루하루 주어진 순간을 최선을 다해서 살아가는 것, 그리고 그 안에서 자기가 할 수 있는 최선의 노력을 하는 것이 바로 복리다. 그렇게 노력한 1분 1초, 그리고 1시간, 1일이 모여 평생을 이룬다고 했을 때, 복리의 마법을 부린 사람과 그렇지 않은 사람은 큰 차이가 날 수밖에 없지 않을까.

하루하루 최선을 다하다보면 후회를 최소화할 수 있다.

한 번 지나간 순간은 돌아오지 않는다

 우리에게 주어진 매일은 때로 어제와 다를 것이 없어 보인다. 더없이 지루하고 그저 같은 하루하루가 반복되는 것처럼 여겨진다. 하지만 나는 한 번 지나간 순간은 돌아오지 않는다고 생각한다. 기계적으로 반복되는 삶을 산다고, 삶이 지루하다고 말하는 사람들에게 나는 이렇게 묻고 싶다.

 "기계적으로 사는 삶이라도 언제 끝날지 알 수 없지 않나요? 기계도 윤활유가 있어야 돌아가는 법입니다. 지금 사는 삶이라는 기계가 잘 작동할 수 있도록, 계속 열을 내주고 윤활유를 만들어주기 위해서라도 후회없이 최선을 다하세요. 우리 모두는 언제 죽을지 모르니까요."

1분 1초가 미래를 만든다

 내가 제일 두려워하는 건 과거가 아닌 미래다. 나중에 후회를 하면서 지나간 시간을 탓하는 것만큼 어리석은 일이 또 있을까. 우리의 미래는 지금 이 순간에도 시시각각 다가오고 있다. 어떤 사람은 미래에 무슨 일이 벌어질지 예견하려고 하지만, 미래는 바로 이 순간에 도착해 있다는 것이 내 생각이다.

지금 내가 살아가는 1분 1초가 미래를 만든다고 생각하면, 시간을 소중하게 보내지 않을 도리가 없는 것이다. 1분 1초가 소중하다는 생각을 갖고 살면, 남을 미워할 시간도 없다. 옷깃만 스쳐도 인연이란 말의 진짜 의미를 알게 된다.

내 눈앞에 있는 상대가 얼마나 소중한지, 그 사람과의 인연이 어쩌면 내가 수억 년 전의 시간에서 비롯된 건지 누가 알 수 있을까. 감사하게 생각하지 않을 이유가 없다. 죽도록 미워하는 상대방도 결국 사람이다. 그런 상대방을 미워하는 시간마저도 소중한 내 인생이다.

나는 아끼던 지인들을 죽음으로 먼저 떠나보낸 적이 많다. 그 사람들과 소중한 추억을 만들고 함께 성장해나갈 줄 알았던 내게 그들의 죽음은 적지 않은 충격이었다. 그토록 젊은 나이에 세상을 뜬 그들을 보면서 나에게 주어진 오늘 하루, 이 순간이 더욱 소중해지곤 한다. 지금 흘러가는 1분 1초가 다시 돌아오지 않는 순간이라는 자각이 들면, '나중에'라는 말이 입에서 사라진다. 하고 싶은 것이 있으면 지금 해야 하고, 할 말이 있으면 지금 해야 한다.

내일 이 세상에 내가 존재하지 않을 수도 있는데, 나중으로 미룰 수 있는 일이 무엇이 있을까. 어쩌면 내가 살아있음에 감사해야 할 이유이기도 하다.

일단 도전한다.

그래서 나는 나에게 어떤 제안이 오든 일단 수락하고, 그 일에 최선을 다한다. 누구보다 음치였던 내게 〈너목보〉 프로그램에서 출연 제안이 왔을 때도 고민하지 않고 출연을 수락했다. 보통 사람이라면 '음치인 내 노래 실력이 들통나면 망신을 당하지 않을까'라고 생각할 것이다. 그런데 나는 출연 제안이 망신이 될지, 혹은 기회가 될지는 일단 경험해봐야 안다고 생각했다.

그리고 출연 제안을 받아들인 뒤에는 '음치 학원'에 다녔다. 부족한 노래 실력을 개선해야 한다는 생각 때문이었다. 결국에는 방송 출연을 성공적으로 마치고, 나중에는 음반을 두 장이나 내고 '가수'라는 타이틀을 갖게 되었다.

만약 내가 〈너목보〉 출연 제안을 받았을 때 스스로 음치라는 걸 알고 주춤했다면 어떻게 되었을까. 아마 음반을 낼 일도, 또 다른 예능 프로그램에 출연할 일도 없었을 것이다. 이후 나는 사람들은 어떤 사람을 볼 때 그 사람이 실력자인지 아닌지 보는 게 아니라는 걸 알게 되었다. 사람들이 보는 건 '그 사람이 얼마나 노력하는가'이다.

음치인 내가 노래를 잘 부르기 위해 애를 쓰는 모습이 PD님의 마음을 움직였다. 그리고 이후 〈복면가왕〉이라는 프로그램에 출연할 수 있었다. 예능 프로그램에서 최선을 다하는 내 모습이 이후에도 여러 프로그램에 출연하는 계기가 되었다.

물론 이 과정에서 실수도 할 수 있고, 성공하지 못할

수도 있다. 그러나 중요한 건 그럼에도 불구하고 결과적으로 이것이 나를 성장시켰다는 것이다. 어떤 일은 뚜껑을 열어보기 전에는 그것이 기회인지 위기인지 알지 못하는 법이다.

만약 내가 음치라는 사실에 두려움을 갖고 도전하지 않았다면, 내 인생에는 악플도 없겠지만 아무런 변화도 없었을 것이다. 방송을 하면서도 '절대로 나 때문에 방송 사고가 나게 해서는 안 된다'는 생각을 갖고 임했던 것, 그리고 그런 내 모습을 좋게 봐준 사람들이 있었다는 것이 지금의 나를 만들었다.

사람들은 내가 우연히 방송에 나와서 '반짝 스타'가 되었다고 생각한다. 하지만 이는 사실이 아니다. 내 삶이 우연이 아니라고 말한다면, 상대방은 이 질문에 답해야 한다. 방송 출연 5분 분량을 위해 한 달을 노력할 수 있느냐고 말이다. 이렇게 물어보면 다들 머뭇거린다.

인생을 바꾸는 시간

〈너목보〉에 출연했을 때 내 방송 분량은 5분이었지만, 나는 이 5분이 내 인생을 바꿔줄 거라는 확신이 있었다. 그리고 그 5분의 순간을 위해 최선을 다했다. 사람은 자기 인생이 바뀌는 시간을 알 수 있어야 한다. 그 순간이 언제 다가올지는 누구도 모르지만, 그 순간이 찾아왔을 때 준비된 사람이어야 한다.

인생의 시간을 기다리는 것

나는 봅슬레이를 할 때도 그렇게 '내 인생의 시간'을 기다렸다. 봅슬레이 경기는 불과 1분 만에 끝이 난다. 그 1분의 경기를 위해 수년 간 노력을 한다. 어떤 사람들은 1분의 경기를 아무렇지 않게 생각할 수 있지만, 선수들에게 그 1분은 수년 간의 노력과 땀이 묻어있는 시간이다. 그들의 1분과 평범한 사람들의 1분이 어떻게 같을 수 있겠는가.

아무리 노력하고 열심히 해도 그 1분을 망친다면, 그 선수의 노력은 한순간에 물거품이 될 것이다. 그렇기 때문에 선수들은 올림픽이나 전국대회에서 인생의 모든 것을 건다. 오랜 노력이 1분 안에 응축되어 나타난다는 원리를 누구보다 잘 알았던 나였기에, 방송 출연이라는 소중한 기회를 놓치고 싶지 않아 최선을 다했다.

그리고 그 결과가 내 인생을 바꾸었다.

버킷리스트는 지금 당장 도전해야 한다

사람들은 죽기 전의 버킷리스트, 수년 내의 버킷리스트를 만든다. 나는 버킷리스트는 지금 당장 해야 한다고 믿는 쪽이다. 수년 이후에 이뤄질 버킷리스트라면 지금 당장 이루지 못할 일이 뭐가 있을까.

그래서 나는 음반을 내고, 책을 쓰고, 방송에 출연했다. 이 모든 것들이 내가 하려고 하는 버킷리스트였고, 나는 이를 통해서 내 인생을 빛나게 만들고 있다. 내 인생의 길을 스스로 만들어나가고 있는 것이다. 누가 대신 나를 찾아주고 내게 기회를 줄 것이라 믿어서는 안 된다. 내 인생의 길은 내 스스로 만들어나가는 것이기 때문이다.

이런 습관이 몸에 배어서일까. 나는 지금도 새로운 분야가 생기면 관심을 갖고 일단 도전해본다. 어떻게 보면 "뭐, 그런 것까지 기웃거리나" 싶겠지만 인생에 사소한 도전은 없다. 나는 아무리 사소한 일이라도, 영혼을 걸고 뛰어든다. 그리고 그 일에서 최대한 배울 점을 찾는다.

작은 움직임은 지금 당장 눈에 띄지는 않는다. 하지만 그런 움직임들이 쌓이고 쌓여 지금의 나를 만든 것이다. 세상에 한 번에 점프해서 벽을 뛰어넘는 사람은 없다. 처음에는 발뒤꿈치를 드는 연습부터 하고, 그다음 조금씩 점프 연습을 하다가 그다음 목표로 삼은 높이를 넘는다. 높이뛰기 선수들도 그렇게 연습을 하는 것이고, 올림픽에서 화려한 연기로 주목을 받는 피겨스케이팅 김연아 선수도 그렇게 시작했다.

유명하든 그렇지 않든, 모든 사람들의 시작은 사소한 것에서 비롯된다.

내 행복의 출처

 꿈이 있는 사람은 행복하다. 그 꿈이 자기 자신만을 위한 이기적인 꿈이 아니라 다른 사람을 행복하게 하는 꿈이라면 더더욱 그렇다. 나는 나중에 장학재단을 만드는 것이 꿈이다. 강한이라는 이름 두 글자를 걸고 장학재단을 만들어, 돈이 없어서 운동을 못하는 선수들을 후원할 수 있다면 행복할 것 같다.

 가끔 주변에서는 그런다. 다른 사람만을 위해서 살지 말고 가끔은 자신을 챙기라고 말이다. 하지만 나는 내가 맛있는 걸 먹고, 외제차를 타고 좋은 집에 사는 것보다, 나로 인해 다른 사람들이 풍요롭고 행복한 삶을 사는 걸 볼 때가 더 행복하다. 어떻게 그럴 수 있느냐고 묻는 사람도 있지만, 나는 정말 그렇다.

 어쩌면 그것이 내가 살아가는 '존재의 이유'가 아닐까, 싶을 때도 있다.

 모든 운동선수의 꿈은 국가대표가 되는 것이다. 나는 봅슬레이 국가대표를 은퇴하면서 그 꿈을 이뤘다. 운동선수 강한 개인의 꿈은 이미 이뤄진 것이나 다름없다. 국가대표란, 어떤 의미에서는 누군가의 꿈이 되고 롤모델이 된다는 뜻도 있다.

  내 경우 언제부터인가, 그 꿈이 '다른 사람에게 영감을 주는 삶을 살자'는 것으로 구체화되었다. 내 인생은 처음부터 제로에서 시작했고 아무것도 없는 상태에서 희망과 꿈, 좌절과 성공으로 이어진 여정이었기에 나와 같은 환경에서 운동을 하는 후배들에게 희망이 되는 것, 그것이 현재 내가 바라는 꿈이다.

에필로그

 이제는 내가 궁극적으로 이 책에서 하고 싶었던 말을 할 차례인 것 같다. 내가 생각하는 좋은 인생이란, 다 같이 어울려서 행복한 삶이다.
 물론 자본주의 사회이고 누군가는 부자처럼, 누군가는 가난하게 살기도 하지만 빈부에 관계없이 모두가 함께 어울려서 사는 삶은 꿈이 아니다. 그리고 다 같이 어울려 살면 많은 이들이 더 행복해지지 않을까, 나는 그렇게 믿고 있다.

"그래도 나는 강한 덕분에 행복했어."

 이런 말을 들을 수 있다면, 내 인생도 더없이 행복할 것 같다. 나만 행복한 것은 나로 끝나고 만다. 하지만 다른 사람과 행복을 나눴을 때는, 그 행복의 에너지가 10배, 100배 이상 커진다고 생각한다. 그렇기에 나는 스스로 만족하기보다는 다른 사람에게 행복을 나누어주면서 내 행복을 극대화시키는 것이다.

　앞서 복리의 마법을 설명했는데 이는 행복의 원리에서도 그대로 적용된다. 세상에서 가장 행복해지는 방법을 나는 알고 있다. 그것은 바로 다른 사람과 행복을 나누는 것이다. 내 행복이 1이라고 하면, 그 행복을 100명과 나누면 내 행복은 100이 되는 것이 바로 인생의 비밀이다. 말도 안 된다고 생각하는가?
　하지만, 실제로 우리 사회에는 자신의 행복을 다른 사람과 나눔으로써 행복으로 가득 찬 삶을 사는 이들이 너무도 많다. 그들은 성공한 사람도, 사회적으로 유명한 사람도 아니다. 우리처럼 평범한 일상을 살아가는 사람일 뿐이다. 그들이 할 수 있다면 나도 할 수 있다. 그리고 강한이 할 수 있으면 이 책을 읽는 당신도 그런 삶을 살 수 있다.

　비교적 어린 나이에 유명해지고, 국가대표가 되면서 많은 것을 이루었지만, 아직 나는 할 일이 많다. 앞으로도 내 도움이 필요한 곳이라면 어디든 달려가서 내가 할 수 있는 일을 할 것이다.

이 책을 읽는 독자들도 스스로가 롤모델인 삶, 도전을 두려워하지 않는 삶을 살기를 진심으로 소망한다.